Landesbauordnung Nordrhein-Westfalen (BauO NRW)

Textausgabe für Studium und Beruf

Impressum

© MGJV-Verlag, Hans-Much-Weg 14, 20249 Hamburg, Telefon: 040/ 32030589; Bitte wenden Sie sich mit Ihren Anliegen auch auf elektronischem Wege an uns: *MGJV.Verlag@gmail.com*

Inhaltliche Verantwortung und Aktualität: Redaktion MGJV

Satz, Druck und Bindung: Externe Dienstleister; alle Rechte MGJV-Verlag

Umschlaggestaltung: Gustav Broedecker. Alle Rechte MGJV-Verlag

Wir sind bemüht, ein ansprechendes Produkt zu gestalten, dass angemessenen Ansprüchen an das Preis/Leistungsverhältnis und vernünftigen Qualitätserwartungen gerecht wird. Konstruktive Anregungen nutzen wir gerne, um künftige Auflagen zu ergänzen und anzupassen.

- - - - -

Über eine Bewertung bei Amazon oder anderen Distributoren freut sich die Redaktion.Mit Kritik und Verbesserungsvorschlägen für künftige Ausgaben wenden Sie sich auch gerne an MGJV.Verlag@gmail.com

Vielen Dank, Ihre Redaktion MGJV

Inhaltsverzeichnis

3

4

Bauordnung
für das Land Nordrhein-Westfalen
(Landesbauordnung – BauO NRW)

Vom 15. Dezember 2016

Der Landtag hat das folgende Gesetz beschlossen, das hiermit verkündet wird:

**Bauordnung
für das Land Nordrhein-Westfalen
(Landesbauordnung – BauO NRW)**

Teil 1
Allgemeine Vorschriften

§ 1
Anwendungsbereich

(1) Dieses Gesetz gilt für bauliche Anlagen und Bauprodukte. Es gilt auch für Grundstücke sowie für andere Anlagen und Einrichtungen, an die in diesem Gesetz oder in Vorschriften auf Grund dieses Gesetzes Anforderungen gestellt werden.

(2) Dieses Gesetz gilt nicht für

1. Anlagen des öffentlichen Verkehrs einschließlich Zubehör, Nebenanlagen und Nebenbetriebe, mit Ausnahme von Gebäuden,

2. Anlagen, soweit sie der Bergaufsicht unterliegen, mit Ausnahme von Gebäuden,

3. Leitungen, die der öffentlichen Versorgung mit Wasser, Gas, Elektrizität, Wärme, der öffentlichen Abwasserentsorgung oder der Telekommunikation dienen,

4. Rohrleitungen, die dem Ferntransport von Stoffen dienen, einschließlich ihrer unterirdischen Anlagen und Einrichtungen und

5. Kräne.

§ 2
Begriffe

(1) Bauliche Anlagen sind mit dem Erdboden verbundene, aus Bauprodukten hergestellte Anlagen. Eine Verbindung mit dem Erdboden besteht auch dann, wenn die Anlage durch eigene Schwere auf dem Erdboden ruht oder auf ortsfesten Bahnen begrenzt beweglich ist oder wenn die Anlage nach ihrem Verwendungszweck dazu bestimmt ist, überwiegend ortsfest benutzt zu werden.

Als bauliche Anlagen gelten

1. Aufschüttungen und Abgrabungen,

2. Lager-, Abstell- und Ausstellungsplätze,

3. Camping- und Wochenendplätze,

4. Sport- und Spielflächen,

5. Stellplätze,

6. Gerüste,

7. Hilfseinrichtungen zur statischen Sicherung von Bauzuständen und

8. umfriedete Flächen, innerhalb derer sich Besucher einer öffentlich zugänglichen Veranstaltung oder Einrichtung (zum Beispiel Freizeit- und Vergnügungsparks) aufhalten.

(2) Gebäude sind selbständig benutzbare, überdachte bauliche Anlagen, die von Menschen betreten werden können und geeignet oder bestimmt sind, dem Schutz von Menschen, Tieren oder Sachen zu dienen. Windenergieanlagen sind keine Gebäude.

(3) Gebäude werden in folgende Gebäudeklassen eingeteilt:

1. Gebäudeklasse 1:
a) freistehende Gebäude mit einer Höhe bis zu 7 m und nicht mehr als zwei Nutzungseinheiten von insgesamt nicht mehr als 400 m² und
b) freistehende land- oder forstwirtschaftlich genutzte Gebäude und Gebäude vergleichbarer Nutzung,

2. Gebäudeklasse 2:

Gebäude mit einer Höhe bis zu 7 m und nicht mehr als zwei Nutzungseinheiten von insgesamt nicht mehr als 400 m²,

3. Gebäudeklasse 3:
sonstige Gebäude mit einer Höhe bis zu 7 m,

4. Gebäudeklasse 4:
Gebäude mit einer Höhe bis zu 13 m und Nutzungseinheiten mit jeweils nicht mehr als 400 m²,

5. Gebäudeklasse 5:
sonstige Gebäude einschließlich unterirdischer Gebäude.

Höhe im Sinne des Satzes 1 ist das Maß der Fußbodenoberkante des höchstgelegenen Geschosses, in dem ein Aufenthaltsraum möglich ist, über der Geländeoberfläche im Mittel. Die Grundflächen der Nutzungseinheiten im Sinne dieses Gesetzes sind die Brutto-Grundflächen. Bei der Berechnung der Brutto-Grundflächen nach Satz 1 bleiben Flächen in Kellergeschossen außer Betracht.

(4) Geländeoberfläche ist die Fläche, die sich aus der Baugenehmigung oder den Festsetzungen des Bebauungsplanes ergibt, im Übrigen die natürliche Geländeoberfläche.

(5) Oberirdische Geschosse sind Geschosse, deren Deckenoberkante im Mittel mehr als 1,60 m über die Geländeoberfläche hinausragt. Im Übrigen sind sie Kellergeschosse. Hohlräume zwischen der obersten Decke und dem Dach, in denen Aufenthaltsräume nicht möglich sind, sind keine Geschosse.

(6) Vollgeschosse sind oberirdische Geschosse, die eine lichte Höhe von mindestens 2,30 m haben. Ein oberstes Geschoss ist nur dann ein Vollgeschoss, wenn es die in Satz 1 genannte Höhe über mehr als zwei Drittel der Grundfläche des darunter liegenden Geschosses hat.

(7) Aufenthaltsräume sind Räume, die zum nicht nur vorübergehenden Aufenthalt von Menschen bestimmt oder geeignet sind.

(8) Stellplätze sind Flächen, die dem Abstellen von Kraftfahrzeugen außerhalb der öffentlichen Verkehrsfläche dienen. Garagen sind ganz oder teilweise umschlossene Räume zum Abstellen von Kraftfahrzeugen.

(9) Bauprodukte sind

1. Produkte, Baustoffe, Bauteile und Anlagen sowie Bausätze gemäß Artikel 2 Nummer 2 der Verordnung (EU) Nr. 305/2011 des Europäischen Parlaments und des Rates vom 9. März 2011 zur Festlegung harmonisierter Bedingungen für die Vermarktung von Bauprodukten und Aufhebung der Richtlinie 89/106/EWG des Rates (ABl. L 88 vom 4.4.2011, S. 5, L 103 vom

12.4.2013, S. 10, L 92 vom 8.4.2015, S. 118), die zuletzt durch Verordnung (EU) Nr. 574/2014 (ABl. L 159 vom 28.5.2014, S. 41) geändert worden ist, die hergestellt werden, um dauerhaft in bauliche Anlagen eingebaut zu werden und

2. aus Produkten, Baustoffen, Bauteilen sowie Bausätzen gemäß Artikel 2 Nummer 2 der Verordnung (EU) Nr. 305/2011 vorgefertigte Anlagen, die hergestellt werden, um mit dem Erdboden verbunden zu werden, wie Fertighäuser, Fertiggaragen und Silos.

(10) Bauart ist das Zusammenfügen von Bauprodukten zu baulichen Anlagen oder Teilen von baulichen Anlagen.

(11) Barrierefrei sind bauliche Anlagen, soweit sie für alle Menschen ihrem Zweck entsprechend in der allgemein üblichen Weise, ohne besondere Erschwernis und grundsätzlich ohne fremde Hilfe auffindbar, zugänglich und nutzbar sind.

(12) Feuerstätten sind in oder an Gebäuden ortsfest benutzte Anlagen oder Einrichtungen, die dazu bestimmt sind, durch Verbrennung Wärme zu erzeugen.

§ 3
Allgemeine Anforderungen

(1) Bauliche Anlagen sowie andere Anlagen und Einrichtungen im Sinne von § 1 Absatz 1 Satz 2 sind so anzuordnen, zu errichten, zu ändern und instand zu halten, dass die öffentliche Sicherheit oder Ordnung, insbesondere Leben, Gesundheit oder die natürlichen Lebensgrundlagen, nicht gefährdet wird.

(2) Die der Wahrung der Belange nach Absatz 1 dienenden allgemein anerkannten Regeln der Technik sind zu beachten. Als allgemein anerkannte Regeln der Technik gelten auch die von der obersten Bauaufsichtsbehörde durch Verwaltungsvorschrift (§ 86 Absatz 11) als Technische Baubestimmungen eingeführten technischen Regeln.

(3) Für den Abbruch baulicher Anlagen sowie anderer Anlagen und Einrichtungen im Sinne des § 1 Absatz 1 Satz 2 und für die Änderung ihrer Benutzung gelten Absätze 1 und 2 sinngemäß.

Teil 2
Das Grundstück und seine Bebauung

§ 4
Bebauung der Grundstücke mit Gebäuden

(1) Gebäude dürfen nur errichtet werden, wenn gesichert ist, dass bis zum Beginn ihrer Benutzung

1. das Grundstück in angemessener Breite an einer befahrbaren öffentlichen Verkehrsfläche liegt oder das Grundstück eine befahrbare, öffentlich-rechtlich gesicherte Zufahrt zu einer befahrbaren öffentlichen Verkehrsfläche hat; Wohnwege, an denen nur Gebäude der Gebäudeklassen 1 bis 3 zulässig sind, brauchen nur befahrbar zu sein, wenn sie länger als 50 m sind,
2. die erforderlichen Anlagen zur Versorgung mit Trink- und Löschwasser vorhanden und benutzbar sind und
3. die erforderlichen Abwasseranlagen vorhanden und benutzbar sind und die Abwasserbeseitigung entsprechend den wasserrechtlichen Vorschriften gewährleistet ist.

(2) Ein Gebäude auf mehreren Grundstücken ist nur zulässig, wenn durch Baulast gesichert ist, dass keine Verhältnisse eintreten können, die den Vorschriften dieses Gesetzes oder den auf Grund dieses Gesetzes erlassenen Vorschriften zuwiderlaufen. Einer Sicherung nach Satz 1 bedarf es nicht, wenn eine Außenwand und das Dach eines Gebäudes durch Maßnahmen zur Wärmedämmung entsprechend der Energieeinsparverordnung vom 24. Juli 2007 (BGBl. I S. 1519) in der jeweils geltenden Fassung geändert werden.

§ 5
Zugänge und Zufahrten auf den Grundstücken

(1) Von öffentlichen Verkehrsflächen ist insbesondere für die Feuerwehr ein geradliniger Zu- oder Durchgang zu schaffen

1. zur Vorderseite rückwärtiger Gebäude sowie
2. zur Rückseite von Gebäuden, wenn eine Rettung von Menschen außer vom Treppenraum nur von der Gebäuderückseite aus möglich ist.

Zu Gebäuden, bei denen die Oberkante der Brüstung von zum Anleitern bestimmten Fenstern oder Stellen mehr als 8 m über Gelände liegt,

1. ist in den Fällen des Satzes 1 anstelle eines Zu- oder Durchgangs eine Zu- oder Durchfahrt zu schaffen und
2. sind die dafür erforderlichen Aufstell- und Bewegungsflächen für Hubrettungsfahrzeuge vorzusehen.

Bei Gebäuden, die ganz oder mit Teilen mehr als 50 m von einer öffentlichen Verkehrsfläche entfernt sind, sind Zufahrten oder Durchfahrten nach Satz 2 zu den vor und hinter den Gebäuden gelegenen Grundstücksteilen und Bewegungsflächen herzustellen, wenn sie aus Gründen des Feuerwehreinsatzes erforderlich sind.

(2) Zu- und Durchfahrten, Aufstellflächen und Bewegungsflächen müssen für Feuerwehrfahrzeuge ausreichend befestigt und tragfähig sein. Sie sind als solche zu kennzeichnen und ständig frei zu halten. Die Kennzeichnung von Zufahrten muss von der öffentlichen Verkehrsfläche aus sichtbar sein. Fahrzeuge dürfen auf den Flächen nach Satz 1 nicht abgestellt werden.

§ 6
Abstandflächen

(1) Vor den Außenwänden von Gebäuden sind Abstandflächen von oberirdischen Gebäuden freizuhalten. Innerhalb der überbaubaren Grundstücksfläche ist eine Abstandfläche nicht erforderlich gegenüber Grundstücksgrenzen,

1. gegenüber denen nach planungsrechtlichen Vorschriften ohne Grenzabstand oder mit geringerem Grenzabstand als nach den Absätzen 5 und 6 gebaut werden muss oder
2. gegenüber denen nach planungsrechtlichen Vorschriften ohne Grenzabstand gebaut werden darf, wenn gesichert ist, dass auf dem Nachbargrundstück ohne Grenzabstand gebaut wird.

(2) Die Abstandflächen müssen auf dem Grundstück selbst liegen. Sie dürfen auch auf öffentlichen Verkehrsflächen, öffentlichen Grünflächen und öffentlichen Wasserflächen liegen, jedoch nur bis zu deren Mitte. Abstandflächen dürfen sich ganz oder teilweise auf andere Grundstücke erstrecken, wenn durch Baulast gesichert ist, dass sie nur mit in der Abstandfläche zulässigen baulichen Anlagen überbaut werden und auf die auf diesen Grundstücken erforderlichen Abstandflächen nicht angerechnet werden.

(3) Die Abstandflächen dürfen sich nicht überdecken; dies gilt nicht für

1. Außenwände, die in einem Winkel von mehr als 75 Grad zueinander stehen,
2. Außenwände zu einem fremder Sicht entzogenen Gartenhof bei Wohngebäuden mit nicht mehr als zwei Wohnungen und
3. Gebäude und andere bauliche Anlagen, die in den Abstandflächen zulässig sind oder gestattet werden.

(4) Die Tiefe der Abstandfläche bemisst sich nach der Wandhöhe. Sie wird senkrecht zur Wand gemessen. Als Wandhöhe gilt das Maß von der Geländeoberfläche bis zur Schnittlinie der Wand mit der Dachhaut oder bis zum oberen Abschluss der Wand. Besteht eine Außenwand aus Wandteilen unterschiedlicher Höhe, so ist die Wandhöhe je Wandteil zu ermitteln. Bei geneigter

Geländeoberfläche ist die im Mittel gemessene Wandhöhe maßgebend. Diese ergibt sich aus den Wandhöhen an den Gebäudekanten oder den vertikalen Begrenzungen der Wandteile. Abgrabungen, die der Belichtung oder dem Zugang oder der Zufahrt zu einem Gebäude dienen, bleiben bei der Ermittlung der Abstandfläche außer Betracht, auch soweit sie nach § 8 Absatz 3 die Geländeoberfläche zulässigerweise verändern. Zur Wandhöhe werden hinzugerechnet:

1. voll die Höhe von
a) Dächern und Dachteilen mit einer Dachneigung von mehr als 70 Grad und
b) Giebelflächen im Bereich dieser Dächer und Dachteile, wenn beide Seiten eine Dachneigung von mehr als 70 Grad haben,

2. zu einem Drittel die Höhe von
a) Dächern und Dachteilen mit einer Dachneigung von mehr als 45 Grad,
b) Dächern mit Dachgauben oder Dachaufbauten, deren Gesamtlänge je Dachfläche mehr als die Hälfte der darunter liegenden Gebäudewand beträgt und
c) Giebelflächen im Bereich von Dächern und Dachteilen, wenn nicht beide Seiten eine Dachneigung von mehr als 70 Grad haben.

Das sich ergebende Maß ist H.

(5) Die Tiefe der Abstandflächen beträgt, soweit in einer örtlichen Bauvorschrift nach § 88 Absatz 1 Nummer 6 nichts anderes bestimmt ist,

1. 0,8 H,
2. 0,5 H in Kerngebieten und
3. 0,25 H in Gewerbegebieten und Industriegebieten.

Zu öffentlichen Verkehrsflächen, öffentlichen Grünflächen und öffentlichen Wasserflächen beträgt die Tiefe der Abstandfläche

1. 0,4 H und
2. 0,25 H in Kerngebieten, Gewerbegebieten und Industriegebieten.

In Sondergebieten können geringere Tiefen der Abstandflächen gestattet werden, wenn die Nutzung des Sondergebiets dies rechtfertigt. Zu angrenzenden anderen Baugebieten gilt die jeweils größere Tiefe der Abstandfläche. In allen Fällen muss die Tiefe der Abstandflächen mindestens 3 m betragen. Absatz 16 bleibt unberührt.

(6) Auf einer Länge der Außenwände und von Teilen der Außenwände von nicht mehr als 16 m genügt gegenüber jeder Grundstücksgrenze und gegenüber jedem Gebäude auf demselben Grundstück als Tiefe der Abstandflächen 0,4 H, in Kerngebieten 0,25 H, mindestens jedoch 3 m. Bei hintereinander liegenden Außenwänden wird nur die Außenwand mit der größten Länge auf die Länge nach Satz 1 angerechnet.

(7) Bei der Bemessung der Abstandfläche bleiben außer Betracht, wenn sie nicht mehr als 1,60 m vor die Außenwand vortreten,

1. das Erd- und Kellergeschoss erschließende Hauseingangstreppen und ihre Überdachungen, wenn sie von den gegenüberliegenden Nachbargrenzen mindestens 1,50 m entfernt sind,
2. untergeordnete Bauteile wie Gesimse, Dachvorsprünge und Terrassenüberdachungen, wenn sie von den gegenüberliegenden Nachbargrenzen mindestens 2 m entfernt sind, und
3. untergeordnete Vorbauten wie Erker, Balkone, Altane, Treppenräume und Aufzüge, wenn sie von den gegenüberliegenden Nachbargrenzen mindestens 2 m entfernt sind. Dies gilt auch für parallel zur Außenwand angebrachte und nicht mehr als 0,25 m vor diese hervortretende Solaranlagen.

Vorbauten sind untergeordnet, wenn sie insgesamt nicht mehr als ein Drittel der Länge der jeweiligen Außenwand in Anspruch nehmen. Soweit Vorbauten übereinander liegen, wird ihre Länge nur einmal gezählt.
Bei der Ermittlung des Maßes nach Satz 1 bleiben Loggien außer Betracht.

(8) Die seitlichen Wände von Zwerchhäusern lösen keine Abstandfläche aus, wenn

1. die Ansichtsfläche des Zwerchhauses nicht mehr als 5 m2,
2. die Höhe der seitlichen Wände nicht mehr als 2,80 m,
3. die Dachneigung des Zwerchhauses nicht mehr als 45 Grad und
4. die Gesamtlänge aller Zwerchhäuser nicht mehr als die Hälfte der Länge der darunter liegenden Gebäudewand

beträgt.

Die Ansichtsfläche nach Satz 1 Nummer 1 ist die Fläche des Zwerchhauses, die parallel zur Außenwand (Traufseite) des Gebäudes verläuft. Die Höhe der seitlichen Wände nach Satz 1 Nummer 2 bemisst sich von der Fußbodenoberkante des Zwerchhauses bis zur Schnittlinie mit der Dachhaut des Zwerchhauses.

(9) Bei der Bemessung der Abstandfläche bleibt die Errichtung von Solaranlagen auf Gebäuden außer Betracht

1. wenn die Module nicht mehr als 0,25 m über der Dachhaut liegen und
2. sie bei geneigten Dächern den Dachfirst nicht überragen.

(10) Gegenüber Gebäuden und Grundstücksgrenzen gelten die Absätze 1 bis 7 entsprechend für Anlagen, die nicht Gebäude sind,

1. soweit sie höher als 2 m über der Geländeoberfläche sind und von ihnen Wirkungen wie von Gebäuden ausgehen oder
2. soweit sie höher als 1 m über der Geländeoberfläche sind und dazu geeignet sind, von Menschen betreten zu werden.

Für Windenergieanlagen gelten die Absätze 4 bis 7 nicht. Bei diesen Anlagen bemisst sich die Tiefe der Abstandfläche nach 35 Prozent ihrer größten Höhe. Die größte Höhe errechnet sich bei Anlagen mit Horizontalachse aus der Höhe der Rotorachse über der geometrischen Mitte des Mastes zuzüglich des Rotorradius. Die Abstandfläche ist ein Kreis um den geometrischen Mittelpunkt des Mastes.

(11) Garagen einschließlich Abstellräume, überdachte Stellplätze sowie Gebäude bis zu 30 m^3 Brutto-Rauminhalt, die als Gewächshaus oder zu Abstellzwecken genutzt werden, mit einer mittleren Wandhöhe bis zu 3 m über der Geländeoberfläche an der Grenze sind ohne eigene Abstandflächen sowie in den Abstandflächen eines Gebäudes zulässig

1. ohne Öffnungen in den der Nachbargrenze zugekehrten Wänden,
2. einschließlich darauf errichteter untergeordneter Anlagen zur Gewinnung von Solarenergie und Antennenanlagen jeweils bis zu 1,50 m Höhe,
3. auch, wenn sie nicht an die Grundstücksgrenze oder an ein Gebäude angebaut werden und
4. auch, wenn das Gebäude über einen Zugang zu einem anderen Gebäude verfügt.

Absatz 4 gilt nicht. Die Höhe von Giebelflächen ist bei der Berechnung der mittleren Wandhöhe zu berücksichtigen. Die Höhe von Dächern und Dachteilen mit einer Dachneigung von mehr als 30 Grad werden der mittleren Wandhöhe hinzugerechnet. Die Gesamtlänge der Bebauung nach Satz 1 darf je Nachbargrenze 9 m und auf einem Grundstück zu allen Nachbargrenzen insgesamt 15 m nicht überschreiten.

Gebäude nach Satz 1 bleiben auch dann ohne eigene Abstandflächen und in den Abstandflächen eines Gebäudes zulässig, wenn auf ihnen Dachterrassen, Balkone und Altane errichtet werden, die einen Abstand von mindestens 3 m zur Grundstücksgrenze einhalten. Bei Dachterrassen ist der begehbare Teil des Daches zu umwehren.

(12) Liegen sich Wände desselben Gebäudes oder Wände von Gebäuden auf demselben Grundstück gegenüber, so können geringere Abstandflächen als nach den Absätzen 5 und 6 gestattet werden, wenn die Belichtung der Räume nicht wesentlich beeinträchtigt wird und wenn wegen des Brandschutzes Bedenken nicht bestehen.

(13) Bei der Änderung von vor dem 1. Januar 2017 zulässigerweise errichteten Gebäuden mit Wohnungen bleiben Aufzüge, die vor die Außenwand vortreten, bei der Bemessung der Abstandflächen außer Betracht, wenn sie nicht länger als 2,50 m und nicht höher als der obere Abschluss des obersten angefahrenen Geschosses mit Wohnungen sind, nicht mehr als 2,50 m

vor die Außenwand vortreten und von den gegenüberliegenden Nachbargrenzen mindestens 1,50 m entfernt sind.

(14) Bei bestehenden Gebäuden ist die nachträgliche Bekleidung oder Verblendung von Außenwänden sowie die nachträgliche Anhebung der Dachhaut zulässig, wenn die Baumaßnahme der Verbesserung des Wärmeschutzes dient und wenn die Stärke der Bekleidung oder Verblendung beziehungsweise die Anhebung der Dachhaut nicht mehr als 0,25 m und der verbleibende Abstand zur Nachbargrenze mindestens 2,50 m beträgt. Darüber hinaus können unter Würdigung nachbarlicher Belange und der Belange des Brandschutzes geringere Tiefen der Abstandflächen gestattet werden, wenn die Baumaßnahme der Verbesserung des Wärmeschutzes dient. Die Sätze 1 und 2 gelten auch für Außenwände, deren Abstandfläche Absatz 5 nicht entspricht.

(15) Bei Gebäuden, die ohne Einhaltung von Abstandflächen oder mit geringeren Tiefen der Abstandflächen als nach den Absätzen 5 und 6 bestehen, sind zulässig

1. Änderungen innerhalb des Gebäudes,
2. Nutzungsänderungen, wenn der Abstand des Gebäudes zu den Nachbargrenzen mindestens 2,50 m beträgt und
3. Änderungen, wenn der Abstand des Gebäudes zu den Nachbargrenzen mindestens 2,50 m beträgt, ohne Veränderung von Länge und Höhe der diesen Nachbargrenzen zugekehrten Wände und Dachflächen und ohne Einrichtung neuer Öffnungen oder Vergrößerung bestehender Öffnungen in diesen Wänden und Dachflächen.

Darüber hinaus gehende Änderungen und Nutzungsänderungen können unter Würdigung nachbarlicher Belange und der Belange des Brandschutzes gestattet werden. Die Sätze 1 und 2 gelten nicht für Gebäude nach Absatz 11.

(16) In überwiegend bebauten Gebieten können geringere Tiefen der Abstandflächen gestattet oder verlangt werden, wenn die Gestaltung des Straßenbildes oder besondere städtebauliche Verhältnisse dies auch unter Würdigung nachbarlicher Belange rechtfertigen.

§ 7
Teilung von Grundstücken

(1) Die Teilung eines bebauten Grundstücks bedarf zu ihrer Wirksamkeit der Genehmigung der Bauaufsichtsbehörde. Einer Genehmigung bedarf es nicht, wenn der Bund, das Land, eine Gemeinde oder ein Gemeindeverband als Erwerber, Eigentümer oder Verwalter beteiligt ist.

(2) Die Genehmigung darf nur versagt werden, wenn durch die Teilung Verhältnisse geschaffen würden, die den Vorschriften dieses Gesetzes oder den auf Grund dieses Gesetzes erlassenen Vorschriften zuwiderlaufen. Die Bauaufsichtsbehörde hat innerhalb eines Monats nach Eingang

des Antrags über die Teilung zu entscheiden. Ist ihr dies nicht möglich, so kann sie die Frist durch Zwischenbescheid gegenüber der Antragstellerin oder dem Antragsteller um höchstens zwei Monate verlängern. Die Genehmigung gilt als erteilt, wenn nicht innerhalb der Frist über sie entschieden wurde.

(3) Die Teilung darf in das Liegenschaftskataster erst übernommen werden, wenn ein Genehmigungsbescheid vorgelegt ist. Bedarf die Teilung keiner Genehmigung oder gilt sie als genehmigt, so hat die Genehmigungsbehörde auf Antrag von Beteiligten darüber ein Zeugnis auszustellen. Das Zeugnis steht einer Genehmigung gleich.

(4) § 69 Absatz 1 und § 72 Absatz 1 Satz 2 gelten entsprechend.

§ 8
Nicht überbaute Flächen, Spielflächen, Geländeoberflächen

(1) Die nicht überbauten Flächen der bebauten Grundstücke sind wasseraufnahmefähig zu belassen oder herzustellen, zu begrünen, zu bepflanzen und so zu unterhalten, soweit sie nicht für eine andere zulässige Verwendung benötigt werden. Werden diese Flächen als Zugänge, Zufahrten, Flächen für die Feuerwehr (§ 5), Stellplätze, Abstellplätze, Lagerplätze oder als Arbeitsfläche benötigt, so kann auch deren Wasseraufnahmefähigkeit, Begrünung und Bepflanzung verlangt werden, soweit es Art und Größe dieser Anlagen zulassen. Satz 1 findet keine Anwendung, soweit Bebauungspläne oder andere Satzungen Festsetzungen zu den nicht überbauten Flächen treffen.

(2) Bei der Errichtung von Gebäuden mit mehr als einer Wohnung ist auf dem Baugrundstück oder in unmittelbarer Nähe auf einem anderen geeigneten Grundstück, dessen dauerhafte Nutzung für diesen Zweck öffentlich-rechtlich gesichert sein muss, eine ausreichend große Spielfläche für Kleinkinder anzulegen. Dies gilt nicht, wenn in unmittelbarer Nähe eine sonstige für die Kinder nutzbare Spielfläche geschaffen wird oder vorhanden ist oder eine solche Spielfläche wegen der Art und der Lage der Wohnung nicht erforderlich ist. Bei bestehenden Gebäuden nach Satz 1 kann die Bereitstellung von Spielflächen für Kleinkinder verlangt werden, wenn dies die Gesundheit und der Schutz der Kinder erfordern. Die Spielfläche muss barrierefrei erreichbar sein.

(3) Veränderungen der Geländeoberfläche dürfen nur genehmigt werden, wenn dadurch keine Nachteile für Nachbargrundstücke oder öffentliche Verkehrsflächen entstehen und das Straßen-, Orts- oder Landschaftsbild nicht gestört wird.

Teil 3
Bauliche Anlagen

Abschnitt 1
Allgemeine Anforderungen an die Bauausführung

§ 9
Gestaltung

(1) Bauliche Anlagen sowie andere Anlagen und Einrichtungen im Sinne des § 1 Absatz 1 Satz 2 müssen nach Form, Maßstab, Verhältnis der Baumassen und Bauteile zueinander, Werkstoff und Farbe so gestaltet sein, dass sie nicht verunstaltet wirken.

(2) Bauliche Anlagen sowie andere Anlagen und Einrichtungen im Sinne des § 1 Absatz 1 Satz 2 sind mit ihrer Umgebung so in Einklang zu bringen, dass sie das Straßen-, Orts- oder Landschaftsbild nicht verunstalten oder deren beabsichtigte Gestaltung nicht stören. Auf die erhaltenswerten Eigenarten der Umgebung ist Rücksicht zu nehmen.

§ 10
Anlagen der Außenwerbung und Warenautomaten

(1) Anlagen der Außenwerbung (Werbeanlagen) sind alle ortsfesten Einrichtungen, die der Ankündigung oder Anpreisung oder als Hinweis auf Gewerbe oder Beruf dienen und vom öffentlichen Verkehrsraum aus sichtbar sind.

(2) Werbeanlagen dürfen weder bauliche Anlagen noch das Straßen-, Orts- oder Landschaftsbild verunstalten oder die Sicherheit und Ordnung des Verkehrs gefährden. Eine Verunstaltung liegt auch vor, wenn durch Werbeanlagen der Ausblick auf begrünte Flächen verdeckt oder die einheitliche Gestaltung und die architektonische Gliederung baulicher Anlagen gestört wird. Der Betrieb von Werbeanlagen darf nicht zu schädlichen Umwelteinwirkungen, zu unzumutbaren Beeinträchtigungen von Menschen oder zu schwerwiegenden Störungen von Tieren führen. Die störende Häufung von Werbeanlagen ist unzulässig.

(3) Außerhalb der im Zusammenhang bebauten Ortsteile sind Werbeanlagen unzulässig. Ausgenommen sind, soweit in anderen Vorschriften nichts anderes bestimmt ist,

1. Werbeanlagen an der Stätte der Leistung,
2. Schilder, die Inhaber und Art gewerblicher Betriebe kennzeichnen (Hinweisschilder), wenn sie vor Ortsdurchfahrten auf einer Tafel zusammengefasst sind,
3. einzelne Hinweiszeichen an Verkehrsstraßen und Wegabzweigungen, die im Interesse des Verkehrs auf außerhalb der Ortsdurchfahrten liegende Betriebe oder versteckt liegende Stätten aufmerksam machen,
4. Werbeanlagen an und auf Flugplätzen, Sportplätzen, Sportanlagen und Versammlungsstätten, soweit sie nicht in die freie Landschaft wirken und
5. Werbeanlagen auf Ausstellungs- oder Messegeländen.

(4) In Kleinsiedlungsgebieten, Dorfgebieten, reinen Wohngebieten, allgemeinen Wohngebieten und besonderen Wohngebieten sind nur Werbeanlagen an der Stätte der Leistung sowie Anlagen für amtliche Mitteilungen und zur Unterrichtung der Bevölkerung über kirchliche, kulturelle, politische, sportliche und ähnliche Veranstaltungen zulässig. Die jeweils freie Fläche dieser Anlagen darf auch für andere Werbung verwendet werden. In reinen Wohngebieten darf an der Stätte der Leistung nur mit Hinweisschildern geworben werden. An Gebäuden, die nach ihrer Zweckbestimmung auf Verkehrsflächen öffentlicher Straßen errichtet werden, können auch untergeordnete andere Werbeanlagen zugelassen werden, soweit sie das Ortsbild nicht beeinträchtigen.

(5) Die Absätze 1 bis 3 gelten für Warenautomaten entsprechend.

(6) Die Vorschriften dieses Gesetzes sind nicht anzuwenden auf

1. Anschläge und Lichtwerbung an dafür genehmigten Säulen, Tafeln und Flächen,
2. Werbemittel an Zeitungs- und Zeitschriftenverkaufsstellen,
3. Auslagen und Dekorationen in Fenstern und Schaukästen und
4. Wahlwerbung für die Dauer eines Wahlkampfes.

§ 11
Baustellen

(1) Baustellen sind so einzurichten, dass bauliche Anlagen sowie andere Anlagen und Einrichtungen im Sinne des § 1 Absatz 1 Satz 2 ordnungsgemäß errichtet, geändert oder abgebrochen werden können und Gefahren oder vermeidbare Belästigungen nicht entstehen.

(2) Bei Bauarbeiten, durch die unbeteiligte Personen gefährdet werden können, ist die Gefahrenzone abzugrenzen oder durch Warnzeichen zu kennzeichnen. Soweit erforderlich, sind Baustellen mit einem Bauzaun abzugrenzen, mit Schutzvorrichtungen gegen herabfallende Gegenstände zu versehen und zu beleuchten.

(3) Bei der Ausführung genehmigungsbedürftiger Bauvorhaben nach § 62 Absatz 1 hat die Bauherrin oder der Bauherr an der Baustelle ein Schild, das die Bezeichnung des Bauvorhabens und die Namen und Anschriften der Entwurfsverfasserin oder des Entwurfsverfassers, der Unternehmerin oder des Unternehmers für den Rohbau und der Bauleiterin oder des Bauleiters enthalten muss, dauerhaft und von der öffentlichen Verkehrsfläche aus sichtbar anzubringen.

(4) Bäume, Hecken und sonstige Bepflanzungen, die auf Grund anderer Rechtsvorschriften zu erhalten sind, müssen während der Bauausführung geschützt werden.

§ 12
Standsicherheit

(1) Jede bauliche Anlage muss im Ganzen und in ihren Teilen sowie für sich allein standsicher sein. Die Standsicherheit anderer baulicher Anlagen und die Tragfähigkeit des Baugrundes des Nachbargrundstücks dürfen nicht gefährdet werden.

(2) Die Verwendung gemeinsamer Bauteile für mehrere Anlagen ist zulässig, wenn öffentlich-rechtlich gesichert ist, dass die gemeinsamen Bauteile beim Abbruch einer der Anlagen bestehen bleiben.

§ 13
Schutz gegen schädliche Einflüsse

Bauliche Anlagen sowie andere Anlagen und Einrichtungen im Sinne des § 1 Absatz 1 Satz 2 müssen so angeordnet, beschaffen und gebrauchstauglich sein, dass durch Wasser, Feuchtigkeit, pflanzliche oder tierische Schädlinge sowie andere chemische, physikalische oder biologische Einflüsse Gefahren oder unzumutbare Belästigungen nicht entstehen. Baugrundstücke müssen für bauliche Anlagen entsprechend geeignet sein.

§ 14
Brandschutz

(1) Bauliche Anlagen sowie andere Anlagen und Einrichtungen im Sinne des § 1 Absatz 1 Satz 2 sind so anzuordnen, zu errichten, zu ändern und instand zu halten, dass der Entstehung eines Brandes und der Ausbreitung von Feuer und Rauch (Brandausbreitung) vorgebeugt wird und bei einem Brand die Rettung von Menschen und Tieren sowie wirksame Löscharbeiten möglich sind.

(2) Zur Brandbekämpfung muss eine ausreichende Wassermenge zur Verfügung stehen.

§ 15
Wärmeschutz, Schallschutz und Erschütterungsschutz

(1) Gebäude müssen einen ihrer Nutzung und den klimatischen Verhältnissen entsprechenden Wärmeschutz haben.

(2) Gebäude müssen einen ihrer Lage und Nutzung entsprechenden Schallschutz haben. Geräusche, die von ortsfesten Anlagen oder Einrichtungen in baulichen Anlagen oder auf Baugrundstücken ausgehen, sind so zu dämmen, dass Gefahren oder unzumutbare Belästigungen nicht entstehen.

(3) Erschütterungen oder Schwingungen, die von ortsfesten Anlagen oder Einrichtungen in baulichen Anlagen oder auf Baugrundstücken ausgehen, sind so zu dämmen, dass Gefahren oder unzumutbare Belästigungen nicht entstehen.

§ 16
Verkehrssicherheit

(1) Bauliche Anlagen und die dem Verkehr dienenden nicht überbauten Flächen von bebauten Grundstücken müssen verkehrssicher sein.

(2) Die Sicherheit oder Ordnung des öffentlichen Verkehrs darf durch bauliche Anlagen sowie andere Anlagen und Einrichtungen im Sinne des § 1 Absatz 1 Satz 2 oder ihre Nutzung nicht gefährdet werden.

Abschnitt 2
Bauarten und Bauprodukte

§ 17
Bauarten

(1) Bauarten dürfen nur angewendet werden, wenn bei ihrer Anwendung die baulichen Anlagen bei ordnungsgemäßer Instandhaltung während einer dem Zweck entsprechenden angemessenen Zeitdauer die Anforderungen dieses Gesetzes oder auf Grund dieses Gesetzes erfüllen und für ihren Anwendungszweck tauglich sind.

(2) Bauarten, die von Technischen Baubestimmungen nach § 87 Absatz 2 Nummer 2 oder Nummer 3 Buchstabe a wesentlich abweichen oder für die es allgemein anerkannte Regeln der

Technik nicht gibt, dürfen bei der Errichtung, Änderung und Instandhaltung baulicher Anlagen nur angewendet werden, wenn für sie

1. eine allgemeine Bauartgenehmigung durch das Deutsche Institut für Bautechnik oder
2. eine vorhabenbezogene Bauartgenehmigung durch die oberste Bauaufsichtsbehörde

erteilt worden ist.

§ 21 Absatz 2 bis 7 und § 23 Absatz 2 gelten entsprechend.

(3) Anstelle einer allgemeinen Bauartgenehmigung genügt ein allgemeines bauaufsichtliches Prüfzeugnis für Bauarten, wenn die Bauart nach allgemein anerkannten Prüfverfahren beurteilt werden kann. In der Verwaltungsvorschrift nach § 86 Absatz 11 werden diese Bauarten mit der Angabe der maßgebenden technischen Regeln bekannt gemacht. § 22 Absatz 2 gilt entsprechend.

(4) Wenn Gefahren im Sinne des § 3 Absatz 1 nicht zu erwarten sind, kann die oberste Bauaufsichtsbehörde im Einzelfall oder für genau begrenzte Fälle allgemein festlegen, dass eine Bauartgenehmigung nicht erforderlich ist.

(5) Bauarten bedürfen einer Bestätigung ihrer Übereinstimmung mit den Technischen Baubestimmungen nach § 87, den allgemeinen Bauartgenehmigungen, den allgemeinen bauaufsichtlichen Prüfzeugnissen für Bauarten oder den vorhabenbezogenen Bauartgenehmigungen. Als Übereinstimmung gilt auch eine Abweichung, die nicht wesentlich ist. § 24 Absatz 2 gilt für den Anwender der Bauart entsprechend.

(6) Bei Bauarten, deren Anwendung in außergewöhnlichem Maß von der Sachkunde und Erfahrung der damit betrauten Personen oder von einer Ausstattung mit besonderen Vorrichtungen abhängt, kann in der Bauartgenehmigung oder durch Rechtsverordnung der obersten Bauaufsichtsbehörde vorgeschrieben werden, dass der Anwender über solche Fachkräfte und Vorrichtungen verfügt und den Nachweis hierüber gegenüber einer Prüfstelle nach § 25 Absatz 1 Nummer 6 zu erbringen hat. In der Rechtsverordnung können Mindestanforderungen an die Ausbildung, die durch Prüfung nachzuweisende Befähigung und die Ausbildungsstätten einschließlich der Anerkennungsvoraussetzungen gestellt werden.

(7) Für Bauarten, die einer außergewöhnlichen Sorgfalt bei Ausführung oder Instandhaltung bedürfen, kann in der Bauartgenehmigung oder durch Rechtsverordnung der obersten Bauaufsichtsbehörde die Überwachung dieser Tätigkeiten durch eine Überwachungsstelle nach § 25 Absatz 1 Nummer 5 vorgeschrieben werden.

§ 18
Allgemeine Anforderungen für die Verwendung von Bauprodukten

(1) Bauprodukte dürfen nur verwendet werden, wenn bei ihrer Verwendung die bauliche Anlagen bei ordnungsgemäßer Instandhaltung während einer dem Zweck entsprechenden angemessenen Zeitdauer die Anforderungen dieses Gesetzes oder auf Grund dieses Gesetzes erfüllen und gebrauchstauglich sind.

(2) Bauprodukte, die in Vorschriften anderer Vertragsstaaten des Abkommens vom 2. Mai 1992 (ABl. L 1 vom 3.1.1994, S. 3) über den europäischen Wirtschaftsraum genannten technischen Anforderungen entsprechen, dürfen verwendet werden, wenn das geforderte Schutzniveau in Bezug auf Sicherheit, Gesundheit und Gebrauchstauglichkeit gleichermaßen dauerhaft erreicht wird.

(3) Bei Bauprodukten, deren Herstellung in außergewöhnlichem Maß von der Sachkunde und Erfahrung der damit betrauten Personen oder von einer Ausstattung mit besonderen Vorrichtungen abhängt, kann in der allgemeinen bauaufsichtlichen Zulassung, in der Zustimmung im Einzelfall oder durch Rechtsverordnung der obersten Bauaufsichtsbehörde vorgeschrieben werden, dass der Hersteller über solche Fachkräfte und Vorrichtungen verfügt und den Nachweis hierüber gegenüber einer Prüfstelle nach § 25 Absatz 1 Nummer 6 zu erbringen hat. In der Rechtsverordnung können Mindestanforderungen an die Ausbildung, die durch Prüfung nachzuweisende Befähigung und die Ausbildungsstätten einschließlich der Anerkennungsvoraussetzungen gestellt werden.

(4) Für Bauprodukte, die wegen ihrer besonderen Eigenschaften oder ihres besonderen Verwendungszwecks einer außergewöhnlichen Sorgfalt bei Einbau, Transport, Instandhaltung oder Reinigung bedürfen, kann in der allgemeinen bauaufsichtlichen Zulassung, in der Zustimmung im Einzelfall oder durch Rechtsverordnung der obersten Bauaufsichtsbehörde die Überwachung dieser Tätigkeiten durch eine Überwachungsstelle nach § 25 Absatz 1 Nummer 5 vorgeschrieben werden, soweit diese Tätigkeiten nicht bereits durch die Verordnung (EU) Nr. 305/2011 erfasst sind.

§ 19
Anforderungen für die Verwendung von CE-gekennzeichneten Bauprodukten

Ein Bauprodukt, das die CE-Kennzeichnung trägt, darf verwendet werden, wenn die erklärten Leistungen den in diesem Gesetz oder auf Grund dieses Gesetzes festgelegten Anforderungen für diese Verwendung entsprechen. Die §§ 20 bis 25 Absatz 1 gelten nicht für Bauprodukte, die die CE-Kennzeichnung auf Grund der Verordnung (EU) Nr. 305/2011 tragen.

§ 20
Verwendbarkeitsnachweise

(1) Ein Verwendbarkeitsnachweis (§§ 21 bis 23) ist für ein Bauprodukt erforderlich, wenn

1. es keine Technische Baubestimmung und keine allgemein anerkannte Regel der Technik gibt,
2. das Bauprodukt von einer Technischen Baubestimmung (§ 87 Absatz 2 Nummer 3) wesentlich abweicht oder
3. eine Verordnung nach § 86 Absatz 7 es vorsieht.

(2) Ein Verwendbarkeitsnachweis ist nicht erforderlich für ein Bauprodukt,

1. das von einer allgemein anerkannten Regel der Technik abweicht oder
2. das für die Erfüllung der Anforderungen dieses Gesetzes oder auf Grund dieses Gesetzes nur eine untergeordnete Bedeutung hat.

§ 21
Allgemeine bauaufsichtliche Zulassung

(1) Das Deutsche Institut für Bautechnik erteilt unter den Voraussetzungen des § 20 Absatz 1 eine allgemeine bauaufsichtliche Zulassung für Bauprodukte, wenn deren Verwendbarkeit im Sinne des § 18 Absatz 1 nachgewiesen ist.

(2) Die zur Begründung des Antrags erforderlichen Unterlagen sind beizufügen. Soweit erforderlich, sind Probestücke von der Antragstellerin oder vom Antragsteller zur Verfügung zu stellen oder durch Sachverständige, die das Deutsche Institut für Bautechnik bestimmen kann, zu entnehmen oder Probeausführungen unter Aufsicht der Sachverständigen herzustellen. § 72 Absatz 1 Satz 2 gilt entsprechend.

(3) Das Deutsche Institut für Bautechnik kann für die Durchführung der Prüfung die sachverständige Stelle und für Probeausführungen die Ausführungsstelle und Ausführungszeit vorschreiben.

(4) Die allgemeine bauaufsichtliche Zulassung wird widerruflich und für eine bestimmte Frist erteilt, die in der Regel fünf Jahre beträgt. Die Zulassung kann mit Nebenbestimmungen erteilt werden. Sie kann auf schriftlichen Antrag in der Regel um fünf Jahre verlängert werden. § 79 Absatz 2 Satz 2 gilt entsprechend.

(5) Die Zulassung wird unbeschadet der Rechte Dritter erteilt.

(6) Das Deutsche Institut für Bautechnik macht die von ihm erteilten allgemeinen bauaufsichtlichen Zulassungen nach Gegenstand und wesentlichem Inhalt öffentlich bekannt.

(7) Allgemeine bauaufsichtliche Zulassungen nach dem Recht anderer Länder gelten auch im Land Nordrhein-Westfalen.

§ 22
Allgemeines bauaufsichtliches Prüfzeugnis

(1) Bauprodukte, die nach allgemein anerkannten Prüfverfahren beurteilt werden, bedürfen anstelle einer allgemeinen bauaufsichtlichen Zulassung nur eines allgemeinen bauaufsichtlichen Prüfzeugnisses. Dies wird mit der Angabe der maßgebenden technischen Regeln in den Technischen Baubestimmungen nach § 86 Absatz 11 bekanntgemacht.

(2) Ein allgemeines bauaufsichtliches Prüfzeugnis wird von einer Prüfstelle nach § 25 Absatz 1 Nummer 1 für Bauprodukte nach Absatz 1 erteilt, wenn deren Verwendbarkeit im Sinne des § 18 Absatz 1 nachgewiesen ist. § 21 Absatz 2 und Absatz 4 bis 7 gilt entsprechend. Die Anerkennungsbehörde für Stellen nach § 25 Absatz 1 Nummer 1 und § 86 Absatz 5 kann allgemeine bauaufsichtliche Prüfzeugnisse zurücknehmen oder widerrufen. Die §§ 48 und 49 des Verwaltungsverfahrensgesetzes für das Land Nordrhein-Westfalen in der Fassung der Bekanntmachung vom 12. November 1999 (**GV. NRW. S. 602**), das zuletzt durch Artikel 1 des Gesetzes vom 20. Mai 2014 (**GV. NRW. S. 294**) geändert worden ist, finden Anwendung.

§ 23
Nachweis der Verwendbarkeit von Bauprodukten im Einzelfall

(1) Mit Zustimmung der obersten Bauaufsichtsbehörde dürfen unter den Voraussetzungen des § 20 Absatz 1 im Einzelfall Bauprodukte verwendet werden, wenn ihre Verwendbarkeit im Sinne des § 18 Absatz 1 nachgewiesen ist. Wenn Gefahren im Sinne des § 3 nicht zu erwarten sind, kann die oberste Bauaufsichtsbehörde im Einzelfall erklären, dass ihre Zustimmung nicht erforderlich ist.

(2) Die Zustimmung für Bauprodukte nach Absatz 1, die in Baudenkmälern nach § 2 Absatz 2 des Denkmalschutzgesetzes vom 11. März 1980 (GV. NRW. S. 226, ber. S. 716), das zuletzt durch Gesetz vom 16. Juli 2013 (**GV. NRW. S. 488**) geändert worden ist, verwendet werden, erteilt die untere Bauaufsichtsbehörde.

§ 24
Übereinstimmungsbestätigung und Zertifizierung

(1) Bauprodukte bedürfen einer Bestätigung ihrer Übereinstimmung mit den Technischen Baubestimmungen nach § 87 Absatz 2, den allgemeinen bauaufsichtlichen Zulassungen, den allgemeinen bauaufsichtlichen Prüfzeugnissen oder den Zustimmungen im Einzelfall. Als Übereinstimmung gilt auch eine Abweichung, die nicht wesentlich ist.

(2) Die Bestätigung der Übereinstimmung erfolgt durch Übereinstimmungserklärung des Herstellers nach folgenden Maßgaben:

1. Der Hersteller darf eine Übereinstimmungserklärung nur abgeben, wenn er durch werkseigene Produktionskontrolle sichergestellt hat, dass das von ihm hergestellte Bauprodukt den maßgebenden technischen Regeln, der allgemeinen bauaufsichtlichen Zulassung, dem allgemeinen bauaufsichtlichen Prüfzeugnis oder der Zustimmung im Einzelfall entspricht.
2. In den Technischen Baubestimmungen nach § 87 Absatz 2, in den allgemeinen bauaufsichtlichen Zulassungen, in den allgemeinen bauaufsichtlichen Prüfzeugnissen oder in den Zustimmungen im Einzelfall kann eine Prüfung der Bauprodukte durch eine Prüfstelle vor Abgabe der Übereinstimmungserklärung vorgeschrieben werden, wenn dies zur Sicherung einer ordnungsgemäßen Herstellung erforderlich ist. In diesen Fällen hat die Prüfstelle das Bauprodukt daraufhin zu überprüfen, ob es den maßgebenden technischen Regeln, der allgemeinen bauaufsichtlichen Zulassung, dem allgemeinen bauaufsichtlichen Prüfzeugnis oder der Zustimmung im Einzelfall entspricht.
3. In den Technischen Baubestimmungen nach § 87 Absatz 2, in den allgemeinen bauaufsichtlichen Zulassungen oder in den Zustimmungen im Einzelfall kann eine Zertifizierung vor Abgabe der Übereinstimmungserklärung vorgeschrieben werden, wenn dies zum Nachweis einer ordnungsgemäßen Herstellung eines Bauproduktes erforderlich ist. Die oberste Bauaufsichtsbehörde kann im Einzelfall die Verwendung von Bauprodukten ohne Zertifizierung gestatten, wenn nachgewiesen ist, dass diese Bauprodukte den technischen Regeln, Zulassungen, Prüfzeugnissen oder Zustimmungen nach Absatz 1 entsprechen.

Bauprodukte, die nicht in Serie hergestellt werden, bedürfen nur einer Übereinstimmungserklärung nach Absatz 2 Nummer 1, sofern nichts anderes bestimmt ist.

(3) Dem Hersteller ist ein Übereinstimmungszertifikat von einer Zertifizierungsstelle nach § 25 zu erteilen, wenn das Bauprodukt

1. den Technischen Baubestimmungen nach § 87 Absatz 2, der allgemeinen bauaufsichtlichen Zulassung, dem allgemeinen bauaufsichtlichen Prüfzeugnis oder der Zustimmung im Einzelfall entspricht und
2. einer werkseigenen Produktionskontrolle sowie einer Fremdüberwachung nach Maßgabe des Satzes 2 unterliegt.

Die Fremdüberwachung ist von Überwachungsstellen nach § 25 Absatz 1 Nummer 4 durchzuführen. Die Fremdüberwachung hat regelmäßig zu überprüfen, ob das Bauprodukt den Technischen Baubestimmungen nach § 87, der allgemeinen bauaufsichtlichen Zulassung, dem allgemeinen bauaufsichtlichen Prüfzeugnis oder der Zustimmung im Einzelfall entspricht.

(4) Die Übereinstimmungserklärung hat der Hersteller durch Kennzeichnung der Bauprodukte mit dem Übereinstimmungszeichen (Ü-Zeichen) unter Hinweis auf den Verwendungszweck abzugeben.

(5) Das Ü-Zeichen ist auf dem Bauprodukt, auf einem Beipackzettel oder auf seiner Verpackung oder, wenn dies Schwierigkeiten bereitet, auf dem Lieferschein oder auf einer Anlage zum Lieferschein anzubringen.

(6) Ü-Zeichen aus anderen Ländern und aus anderen Staaten gelten auch im Land Nordrhein-Westfalen.

§ 25
Prüf-, Zertifizierungs- und Überwachungsstellen

(1) Die oberste Bauaufsichtsbehörde kann eine natürliche oder juristische Person als

1. Prüfstelle für die Erteilung allgemeiner bauaufsichtlicher Prüfzeugnisse (§ 22 Absatz 2),
2. Prüfstelle für die Überprüfung von Bauprodukten vor Bestätigung der Übereinstimmung (§ 24 Absatz 2 Nummer 2),
3. Zertifizierungsstelle (§ 24 Absatz 3),
4. Überwachungsstelle für die Fremdüberwachung (§ 24 Absatz 3),
5. Überwachungsstelle für die Überwachung nach § 17 Absatz 7 und § 18 Absatz 4 oder
6. Prüfstelle für die Überwachung nach § 17 Absatz 6 und 18 Absatz 3

anerkennen, wenn sie oder die bei ihr Beschäftigten nach ihrer Ausbildung, Fachkenntnis, persönlichen Zuverlässigkeit, ihrer Unparteilichkeit und ihren Leistungen die Gewähr dafür bieten, dass diese Aufgaben den öffentlich rechtlichen Vorschriften entsprechend wahrgenommen werden, und wenn sie über die erforderlichen Vorrichtungen verfügen. Satz 1 ist entsprechend auf die Behörden anzuwenden, wenn sie ausreichend mit geeigneten Fachkräften besetzt und mit den erforderlichen Vorrichtungen ausgestattet sind.

(2) Die Anerkennung von Prüf-, Zertifizierungs- und Überwachungsstellen anderer Länder gilt auch im Land Nordrhein-Westfalen.

Abschnitt 3
Brandverhalten von Baustoffen und Bauteilen, Wände, Decken und Dächer

§ 26
Allgemeine Anforderungen an das Brandverhalten von Baustoffen und Bauteilen

(1) Baustoffe werden nach den Anforderungen an ihr Brandverhalten unterschieden in

1. nichtbrennbar,
2. schwerentflammbar und
3. normalentflammbar.

Baustoffe, die nicht mindestens normalentflammbar sind (leichtentflammbare Baustoffe), dürfen nicht verwendet werden; dies gilt nicht, wenn sie in Verbindung mit anderen Baustoffen nicht leichtentflammbar sind.

(2) Bauteile werden nach den Anforderungen an ihre Feuerwiderstandsfähigkeit unterschieden in

1. feuerbeständig,
2. hochfeuerhemmend und
3. feuerhemmend.

Die Feuerwiderstandsfähigkeit bezieht sich bei tragenden und aussteifenden Bauteilen auf deren Standsicherheit im Brandfall, bei raumabschließenden Bauteilen auf deren Widerstand gegen die Brandausbreitung. Bauteile werden zusätzlich nach dem Brandverhalten ihrer Baustoffe unterschieden in

1. Bauteile aus nichtbrennbaren Baustoffen,
2. Bauteile, deren tragende und aussteifende Teile aus nichtbrennbaren Baustoffen bestehen und die bei raumabschließenden Bauteilen zusätzlich eine in Bauteilebene durchgehende Schicht aus nichtbrennbaren Baustoffen haben,
3. Bauteile, deren tragende und aussteifende Teile aus brennbaren Baustoffen bestehen und die allseitig eine brandschutztechnisch wirksame Bekleidung aus nichtbrennbaren Baustoffen (Brandschutzbekleidung) und Dämmstoffe aus nichtbrennbaren Baustoffen haben und
4. Bauteile aus brennbaren Baustoffen.

Soweit in diesem Gesetz oder in Vorschriften auf Grund dieses Gesetzes nichts anderes bestimmt ist, müssen

1. Bauteile, die feuerbeständig sein müssen, mindestens den Anforderungen des Satzes 3 Nummer 2 und
2. Bauteile, die hochfeuerhemmend sein müssen, mindestens den Anforderungen des Satzes 3 Nummer 3

entsprechen.

§ 27
Tragende Wände und Stützen

(1) Tragende und aussteifende Wände und Stützen müssen im Brandfall ausreichend lang standsicher sein. Sie müssen

1. in Gebäuden der Gebäudeklasse 5 feuerbeständig,
2. in Gebäuden der Gebäudeklasse 4 hochfeuerhemmend und
3. in Gebäuden der Gebäudeklassen 2 und 3 feuerhemmend

sein.

Satz 2 gilt

1. für Geschosse im Dachraum nur, wenn darüber noch Aufenthaltsräume möglich sind, und
2. nicht für Balkone, ausgenommen offene Gänge, die als notwendige Flure dienen.

Im Falle des Satzes 3 Nummer 1 bleibt § 29 Absatz 4 unberührt.

(2) Im Kellergeschoss müssen tragende und aussteifende Wände und Stützen

1. in Gebäuden der Gebäudeklassen 3 bis 5 feuerbeständig und
2. in Gebäuden der Gebäudeklassen 1 und 2 feuerhemmend

sein.

§ 28
Außenwände

(1) Außenwände und Außenwandteile wie Brüstungen und Schürzen sind so auszubilden, dass eine Brandausbreitung auf und in diesen Bauteilen ausreichend lang begrenzt ist.

(2) Nichttragende Außenwände und nichttragende Teile tragender Außenwände müssen aus nichtbrennbaren Baustoffen bestehen. Sie sind aus brennbaren Baustoffen zulässig, wenn sie als raumabschließende Bauteile feuerhemmend sind. Die Sätze 1 und 2 gelten nicht für

1. Türen und Fenster,
2. Fugendichtungen und
3. brennbare Dämmstoffe in nichtbrennbaren geschlossenen Profilen der Außenwandkonstruktionen.

(3) Oberflächen von Außenwänden sowie Außenwandbekleidungen müssen einschließlich der Dämmstoffe und Unterkonstruktionen schwerentflammbar sein. Dämmstoffe und Unterkonstruktionen aus normalentflammbaren Baustoffen sind zulässig, wenn die Anforderungen nach Absatz 1 erfüllt sind. Balkonbekleidungen, die über die erforderliche Umwehrungshöhe hinaus hochgeführt werden, und mehr als zwei Geschosse überbrückende Solaranlagen an Außenwänden müssen schwerentflammbar sein. Schwerentflammbare Baustoffe in Bauteilen nach den Sätzen 1 und 3 dürfen nicht brennend abfallen oder abtropfen.

(4) Bei Außenwandkonstruktionen mit geschossübergreifenden Hohl- oder Lufträumen wie hinterlüfteten Außenwandbekleidungen sind gegen die Brandausbreitung besondere Vorkehrungen zu treffen. Satz 1 gilt für Doppelfassaden entsprechend.

(5) Die Absätze 2, 3 und 4 Satz 1 gelten nicht für Gebäude der Gebäudeklassen 1 bis 3. Absatz 4 Satz 2 gilt nicht für Gebäude der Gebäudeklassen 1 und 2.

§ 29
Trennwände

(1) Trennwände müssen als raumabschließende Bauteile von Räumen oder Nutzungseinheiten innerhalb von Geschossen ausreichend lang widerstandsfähig gegen die Brandausbreitung sein.

(2) Trennwände sind erforderlich

1. zwischen Nutzungseinheiten sowie zwischen Nutzungseinheiten und anders genutzten Räumen, ausgenommen notwendigen Fluren,
2. zum Abschluss von Räumen mit Explosions- oder erhöhter Brandgefahr,
3. zwischen Aufenthaltsräumen und anders genutzten Räumen im Kellergeschoss und
4. zwischen Aufenthaltsräumen und Wohnungen einschließlich ihrer Zugänge und nichtausgebauten Räumen im Dachraum.

(3) Trennwände nach Absatz 2 Nummer 1 und 3 müssen die Feuerwiderstandsfähigkeit der tragenden und aussteifenden Bauteile des Geschosses haben, jedoch mindestens feuerhemmend sein. Trennwände nach Absatz 2 Nummer 2 müssen feuerbeständig sein. Trennwände nach Absatz 2 Nummer 4 müssen mindestens feuerhemmend sein.

(4) Die Trennwände nach Absatz 2 sind bis zur Rohdecke, im Dachraum bis unter die Dachhaut zu führen. Werden in Dachräumen Trennwände nur bis zur Rohdecke geführt, ist diese Decke als raumabschließendes Bauteil einschließlich der sie tragenden und aussteifenden Bauteile feuerhemmend herzustellen.

(5) Öffnungen in Trennwänden nach Absatz 2 sind nur zulässig, wenn sie auf die für die Nutzung erforderliche Zahl und Größe beschränkt sind. Sie müssen feuerhemmende, dicht- und selbstschließende Abschlüsse haben.

(6) Die Absätze 1 bis 5 gelten nicht für Wohngebäude der Gebäudeklassen 1 und 2.

§ 30
Brandwände

(1) Brandwände müssen als raumabschließende Bauteile zum Abschluss von Gebäuden (Gebäudeabschlusswand) oder zur Unterteilung von Gebäuden in Brandabschnitte (innere Brandwand) ausreichend lang die Brandausbreitung auf andere Gebäude oder Brandabschnitte verhindern.

(2) Brandwände sind erforderlich

1. als Gebäudeabschlusswand, wenn diese Abschlusswände an oder mit einem Abstand von weniger als 2,50 m gegenüber der Grundstücksgrenze errichtet werden, es sei denn, dass ein Abstand von mindestens 5 m zu bestehenden oder nach den baurechtlichen Vorschriften zulässigen künftigen Gebäuden öffentlich-rechtlich gesichert ist,
2. als innere Brandwand (Gebäudetrennwand) zur Unterteilung ausgedehnter Gebäude in Abständen von nicht mehr als 40 m. Größere Abstände können gestattet werden, wenn die Nutzung des Gebäudes es erfordert und wenn Bedenken wegen des Brandschutzes nicht bestehen und
3. als Gebäudeabschlusswand zwischen Wohngebäuden und angebauten landwirtschaftlich genutzten Gebäuden oder angebauten Gebäuden mit vergleichbarer Nutzung sowie als innere Brandwand zwischen dem Wohnteil und dem landwirtschaftlich oder vergleichbar genutzten Teil eines Gebäudes.

Gemeinsame Brandwände sind zulässig. Satz 1 Nummer 1 und 2 gelten nicht für

1. Terrassenüberdachungen, Balkone und Altane,

2. Außenwände, bei denen geringere Tiefen der Abstandflächen nach § 6 Absatz 14 oder 15 gestattet werden und

3. seitliche Wände von Vorbauten wie Erker, die nicht mehr als 1,60 m vor der Flucht der vorderen oder hinteren Außenwand des Nachbargebäudes vortreten, wenn sie von dem Nachbargebäude oder der Nachbargrenze einen Abstand einhalten, der ihrer eigenen Ausladung entspricht, mindestens jedoch 1 m beträgt.

(3) Brandwände müssen auch unter zusätzlicher mechanischer Beanspruchung feuerbeständig sein und aus nichtbrennbaren Baustoffen bestehen. Anstelle von Brandwänden sind in den Fällen des Absatzes 2 Satz 1 Nummer 1 und 2 zulässig:

1. für Gebäude der Gebäudeklasse 4 Wände, die auch unter zusätzlicher mechanischer Beanspruchung hochfeuerhemmend sind,

2. für Gebäude der Gebäudeklassen 1 bis 3 hochfeuerhemmende Wände und

3. für Gebäude der Gebäudeklassen 1 bis 3 Gebäudeabschlusswände, die jeweils von innen nach außen die Feuerwiderstandsfähigkeit der tragenden und aussteifenden Teile des Gebäudes, mindestens jedoch feuerhemmende Bauteile, und von außen nach innen die Feuerwiderstandsfähigkeit feuerbeständiger Bauteile haben.

In den Fällen des Absatzes 2 Satz 1 Nummer 3 sind anstelle von Brandwänden feuerhemmende Wände zulässig, wenn der Brutto-Rauminhalt des landwirtschaftlich genutzten Gebäudes oder Gebäudeteils nicht größer als 2 000 m3 ist.

(4) Brandwände müssen bis zur Bedachung durchgehen und in allen Geschossen übereinander angeordnet sein. Abweichend davon dürfen anstelle innerer Brandwände Wände geschossweise versetzt angeordnet werden, wenn

1. die Wände im Übrigen Absatz 3 Satz 1 entsprechen,

2. die Decken, soweit sie in Verbindung mit diesen Wänden stehen, feuerbeständig sind, aus nichtbrennbaren Baustoffen bestehen und keine Öffnungen haben,

3. die Bauteile, die diese Wände und Decken unterstützen, feuerbeständig sind und aus nichtbrennbaren Baustoffen bestehen,

4. die Außenwände in der Breite des Versatzes in dem Geschoss oberhalb oder unterhalb des Versatzes feuerbeständig sind und

5. Öffnungen in den Außenwänden im Bereich des Versatzes so angeordnet oder andere Vorkehrungen so getroffen sind, dass eine Brandausbreitung in andere Brandabschnitte nicht zu befürchten ist.

(5) Brandwände sind 0,30 m über die Bedachung zu führen oder in Höhe der Dachhaut mit einer beiderseits 0,50 m auskragenden feuerbeständigen Platte aus nichtbrennbaren Baustoffen abzuschließen. Darüber dürfen brennbare Teile des Daches nicht hinweggeführt werden. Bei Gebäuden der Gebäudeklassen 1 bis 3 sind Brandwände mindestens bis unter die Dachhaut zu führen. Verbleibende Hohlräume sind vollständig mit nichtbrennbaren Baustoffen auszufüllen.

(6) Müssen Gebäude oder Gebäudeteile, die über Eck zusammenstoßen, durch eine Brandwand getrennt werden, so muss die Wand über die innere Ecke mindestens 3 m hinausragen. Dies gilt nicht, wenn die Gebäude oder Gebäudeteile in einem Winkel von mehr als 120 Grad über Eck zusammenstoßen oder mindestens eine Außenwand auf 5 m Länge als öffnungslose feuerbeständige Wand aus nichtbrennbaren Baustoffen, bei Gebäuden der Gebäudeklassen 1 bis 4 als öffnungslose hochfeuerhemmende Wand ausgebildet ist.

(7) Bauteile mit brennbaren Baustoffen dürfen über Brandwände oder die feuerbeständige Platte nach Absatz 5 Satz 1 nicht hinweggeführt werden. Bei Außenwandkonstruktionen, die eine seitliche Brandausbreitung begünstigen können wie hinterlüftete Außenwandbekleidungen oder Doppelfassaden, sind gegen die Brandausbreitung im Bereich der Brandwände besondere Vorkehrungen zu treffen. Außenwandbekleidungen von Gebäudeabschlusswänden und inneren Brandwänden, die über Dach als Außenwand höherer Gebäudeteile geführt werden, müssen einschließlich der Dämmstoffe und Unterkonstruktionen nichtbrennbar sein. Bauteile dürfen in Brandwände nur soweit eingreifen, dass deren Feuerwiderstandsfähigkeit nicht beeinträchtigt wird. Für Leitungen, Leitungsschlitze und Schornsteine gilt dies entsprechend.

(8) Öffnungen in Brandwänden sind unzulässig. Sie sind in inneren Brandwänden nur zulässig, wenn sie auf die für die Nutzung erforderliche Zahl und Größe beschränkt sind. Die Öffnungen müssen feuerbeständige, dicht- und selbstschließende Abschlüsse haben.

(9) In inneren Brandwänden sind feuerbeständige Verglasungen nur zulässig, wenn sie auf die für die Nutzung erforderliche Zahl und Größe beschränkt sind.

(10) Die Absätze 4 bis 9 gelten entsprechend auch für Wände, die nach Absatz 3 Satz 2 und 3 anstelle von Brandwänden zulässig sind.

§ 31
Decken

(1) Decken müssen als tragende und raumabschließende Bauteile zwischen Geschossen im Brandfall ausreichend lang standsicher und widerstandsfähig gegen die Brandausbreitung sein. Sie müssen

1. in Gebäuden der Gebäudeklasse 5 feuerbeständig,
2. in Gebäuden der Gebäudeklasse 4 hochfeuerhemmend und
3. in Gebäuden der Gebäudeklassen 2 und 3 feuerhemmend

sein. Satz 2 gilt

1. für Geschosse im Dachraum nur, wenn darüber Aufenthaltsräume möglich sind, und

2. nicht für Balkone, ausgenommen offene Gänge, die als notwendige Flure dienen.

Im Falle des Satzes 3 Nummer 1 bleibt § 29 Absatz 4 unberührt.

(2) Im Kellergeschoss müssen Decken

1. in Gebäuden der Gebäudeklassen 3 bis 5 feuerbeständig und
2. in Gebäuden der Gebäudeklassen 1 und 2 feuerhemmend

sein. Decken müssen feuerbeständig sein

1. unter und über Räumen mit Explosions- oder erhöhter Brandgefahr, ausgenommen in Wohngebäuden der Gebäudeklassen 1 und 2, und
2. zwischen dem landwirtschaftlich genutzten Teil und dem Wohnteil eines Gebäudes.

(3) Der Anschluss der Decken an die Außenwand ist so herzustellen, dass er den Anforderungen aus Absatz 1 Satz 1 genügt.

(4) Öffnungen in Decken, für die eine Feuerwiderstandsfähigkeit vorgeschrieben ist, sind nur zulässig

1. in Gebäuden der Gebäudeklassen 1 und 2,
2. innerhalb derselben Nutzungseinheit mit nicht mehr als insgesamt 400 m² in nicht mehr als zwei Geschossen und
3. im Übrigen, wenn sie auf die für die Nutzung erforderliche Zahl und Größe beschränkt sind und Abschlüsse mit der Feuerwiderstandsfähigkeit der Decke haben.

§ 32
Dächer

(1) Bedachungen müssen gegen eine Brandbeanspruchung von außen durch Flugfeuer und strahlende Wärme ausreichend lang widerstandsfähig sein (harte Bedachung).

(2) Bedachungen, die die Anforderungen nach Absatz 1 nicht erfüllen, sind zulässig bei Gebäuden der Gebäudeklassen 1 bis 3, wenn die Gebäude

1. einen Abstand von der Grundstücksgrenze von mindestens 12 m,
2. von Gebäuden auf demselben Grundstück mit harter Bedachung einen Abstand von mindestens 15 m,
3. von Gebäuden auf demselben Grundstück mit Bedachungen, die die Anforderungen nach Absatz 1 nicht erfüllen, einen Abstand von mindestens 24 m und

4. von Gebäuden auf demselben Grundstück ohne Aufenthaltsräume und ohne Feuerstätten mit nicht mehr als 50 m³ Brutto-Rauminhalt sowie von Gebäuden mit Abstellräumen nach § 6 Absatz 11 einen Abstand von mindestens 5 m

einhalten. Soweit Gebäude nach Satz 1 Abstand halten müssen, genügt bei Wohngebäuden der Gebäudeklassen 1 und 2 in den Fällen

1. der Nummer 1 ein Abstand von mindestens 6 m,
2. der Nummer 2 ein Abstand von mindestens 9 m und
3. der Nummer 3 ein Abstand von mindestens 12 m.

Auf den Abstand nach Satz 1 Nummer 1 und Satz 2 Nummer 1 dürfen angrenzende öffentliche Verkehrsflächen, öffentliche Grünflächen und öffentliche Wasserflächen bis zu ihrer Mitte angerechnet werden.

(3) Die Absätze 1 und 2 gelten nicht für

1. lichtdurchlässige Bedachungen aus nichtbrennbaren Baustoffen; brennbare Fugendichtungen und brennbare Dämmstoffe in nichtbrennbaren Profilen sind zulässig,
2. Dachflächenfenster, Oberlichter und Lichtkuppeln von Wohngebäuden,
3. Eingangsüberdachungen und Vordächer aus nichtbrennbaren Baustoffen und
4. Eingangsüberdachungen aus brennbaren Baustoffen, wenn die Eingänge nur zu Wohnungen führen.

(4) Abweichend von den Absätzen 1 und 2 sind

1. lichtdurchlässige Teilflächen aus brennbaren Baustoffen in Bedachungen nach Absatz 1 und
2. begrünte Bedachungen

zulässig, wenn eine Brandentstehung bei einer Brandbeanspruchung von außen durch Flugfeuer und strahlende Wärme nicht zu befürchten ist oder Vorkehrungen hiergegen getroffen werden.

(5) Dachüberstände, Dachgesimse, Zwerchhäuser und Dachaufbauten, lichtdurchlässige Bedachungen, Dachflächenfenster, Lichtkuppeln und Oberlichte und Solaranlagen sind so anzuordnen und herzustellen, dass Feuer nicht auf andere Gebäudeteile und Nachbargrundstücke übertragen werden kann. Von der Außenfläche von Brandwänden und von der Mittellinie gemeinsamer Brandwände müssen

1. mindestens 1,25 m entfernt sein
a) Dachflächenfenster, Oberlichte, Lichtkuppeln und Öffnungen in der Bedachung, wenn diese Wände nicht mindestens 0,30 m über die Bedachung geführt sind und

b) Photovoltaikanlagen, Zwerchhäuser, Dachgauben und ähnliche Dachaufbauten aus brennbaren Baustoffen, wenn sie nicht durch diese Wände gegen Brandübertragung geschützt sind, und

2. mindestens 0,50 m entfernt sein
a) Photovoltaikanlagen, deren Außenseiten und Unterkonstruktion aus nichtbrennbaren Baustoffen bestehen und
b) Solarthermieanlagen.

Die Sätze 1 und 2 gelten auch bei Wänden, die anstelle von Brandwänden zulässig sind.

(6) Dächer von traufseitig aneinandergebauten Gebäuden müssen als raumabschließende Bauteile für eine Brandbeanspruchung von innen nach außen einschließlich der sie tragenden und aussteifenden Bauteile feuerhemmend sein. Öffnungen in diesen Dachflächen müssen waagerecht gemessen mindestens 2 m von der Brandwand oder der Wand, die anstelle der Brandwand zulässig ist, entfernt sein. Eine geringere Entfernung ist zulässig, wenn der Abstand zu Öffnungen in der gegenüberliegenden Dachfläche mindestens 4 m beträgt.

(7) Dächer von Anbauten, die an Außenwände mit Öffnungen oder ohne Feuerwiderstandsfähigkeit anschließen, müssen innerhalb eines Abstands von 5 m von diesen Wänden als raumabschließende Bauteile für eine Brandbeanspruchung von innen nach außen einschließlich der sie tragenden und aussteifenden Bauteile die Feuerwiderstandsfähigkeit der Decken des Gebäudeteils haben, an den sie angebaut werden. Dies gilt nicht für Anbauten an Wohngebäude der Gebäudeklassen 1 bis 3.

(8) Dächer an Verkehrsflächen und über Eingängen müssen Vorrichtungen zum Schutz gegen das Herabfallen von Schnee und Eis haben, wenn dies die Verkehrssicherheit erfordert.

(9) Für vom Dach aus vorzunehmende Arbeiten sind sicher benutzbare Vorrichtungen anzubringen.

Abschnitt 4
Rettungswege, Treppen, Aufzüge und Öffnungen

§ 33
Erster und zweiter Rettungsweg

(1) Für jede Nutzungseinheit müssen in jedem Geschoss mit einem Aufenthaltsraum mindestens zwei voneinander unabhängige Rettungswege ins Freie vorhanden sein. Beide Rettungswege dürfen jedoch innerhalb des Geschosses über denselben notwendigen Flur führen.

(2) Für Nutzungseinheiten nach Absatz 1, die nicht zu ebener Erde liegen, muss der erste Rettungsweg über eine notwendige Treppe führen. Der zweite Rettungsweg kann über eine weitere notwendige Treppe oder eine mit Rettungsgeräten der Feuerwehr erreichbare Stelle der Nutzungseinheit führen. Der zweite Rettungsweg über Rettungsgeräte der Feuerwehr ist nur zulässig, wenn keine Bedenken wegen der Personenrettung bestehen. Ein zweiter Rettungsweg ist nicht erforderlich,

1. wenn die Rettung über einen sicher erreichbaren Treppenraum möglich ist, in den Feuer und Rauch nicht eindringen können (Sicherheitstreppenraum) oder
2. für zu ebener Erde liegende Räume, die einen unmittelbaren Ausgang ins Freie haben, der von jeder Stelle des Raumes in höchstens 15 m Entfernung erreichbar ist.

(3) Gebäude, deren zweiter Rettungsweg über Rettungsgeräte der Feuerwehr führt und bei denen die Oberkante der Brüstung von zum Anleitern bestimmten Fenstern oder Stellen mehr als 8 m über der Geländeoberfläche liegt, dürfen nur errichtet werden, wenn die Feuerwehr über die erforderlichen Rettungsgeräte wie Hubrettungsfahrzeuge verfügt.

§ 34
Treppen

(1) Jedes nicht zu ebener Erde liegende Geschoss und der benutzbare Dachraum eines Gebäudes müssen über mindestens eine Treppe zugänglich sein (notwendige Treppe). Statt notwendiger Treppen sind Rampen mit flacher Neigung zulässig.

(2) Einschiebbare Treppen und Rolltreppen sind als notwendige Treppen unzulässig. In Gebäuden der Gebäudeklassen 1 und 2 sind einschiebbare Treppen und Leitern als Zugang zu einem Dachraum ohne Aufenthaltsräume zulässig.

(3) Die tragenden Teile notwendiger Treppen müssen

1. in Gebäuden der Gebäudeklasse 5 feuerhemmend und aus nichtbrennbaren Baustoffen,
2. in Gebäuden der Gebäudeklasse 4 aus nichtbrennbaren Baustoffen und
3. in Gebäuden der Gebäudeklasse 3 aus nichtbrennbaren Baustoffen oder feuerhemmend

sein. Tragende Teile von Außentreppen nach § 35 Absatz 1 Satz 3 Nummer 3 müssen für Gebäude der Gebäudeklassen 3 bis 5 aus nichtbrennbaren Baustoffen bestehen.

(4) Notwendige Treppen sind in einem Zuge zu allen angeschlossenen Geschossen zu führen. Sie müssen mit den Treppen zum Dachraum unmittelbar verbunden sein. Dies gilt nicht für Treppen

1. in Gebäuden der Gebäudeklassen 1 bis 3 und
2. nach § 35 Absatz 1 Satz 3 Nummer 2.

(5) Die nutzbare Breite der Treppenläufe und Treppenabsätze notwendiger Treppen muss mindestens 1 m betragen. In Wohngebäuden mit nicht mehr als zwei Wohnungen genügt eine Breite von 0,80 m. Eine geringere Breite als 1 m kann beim nachträglichen Einbau von Treppenliften gestattet werden, wenn

1. die Führungskonstruktion des Treppenliftes höchstens 0,20 m breit und 0,50 m hoch ist, gemessen von der unteren Begrenzung des Lichtraumprofils der Treppe,
2. bei einer Leerfahrt des Lifts eine zusammenhängende Restlaufbreite der Treppe von mindestens 0,60 m verbleibt und
3. der nicht benutzte Lift sich in einer Parkposition befindet, die den Treppenlauf nicht mehr als nach Nummer 1 zulässig einschränkt.

(6) Treppen müssen mindestens einen festen und griffsicheren Handlauf haben. Für Treppen sind Handläufe auf beiden Seiten und Zwischenhandläufe vorzusehen, soweit die Verkehrssicherheit dies erfordert.

(7) Die freien Seiten der Treppenläufe, Treppenabsätze und Treppenöffnungen müssen durch Geländer gesichert werden. Fenster, die unmittelbar an Treppen liegen und deren Brüstungen unter der notwendigen Geländerhöhe liegen, sind zu sichern.

(8) Treppengeländer müssen mindestens 0,90 m, bei Treppen mit mehr als 12 m Absturzhöhe mindestens 1,10 m hoch sein.

(9) Eine Treppe darf nicht unmittelbar hinter einer Tür beginnen, die in Richtung der Treppe aufschlägt. Zwischen Treppe und Tür ist ein Treppenabsatz anzuordnen, der mindestens so tief sein soll, wie die Tür breit ist.

(10) Die Absätze 3 bis 7 gelten nicht für Treppen innerhalb von Wohnungen.

§ 35
Notwendige Treppenräume, Ausgänge

(1) Jede notwendige Treppe muss zur Sicherstellung der Rettungswege aus den Geschossen ins Freie in einem eigenen, durchgehenden Treppenraum liegen (notwendiger Treppenraum). Notwendige Treppenräume müssen so angeordnet und ausgebildet sein, dass die Nutzung der notwendigen Treppen im Brandfall ausreichend lang möglich ist. Notwendige Treppen sind ohne eigenen Treppenraum zulässig

1. in Gebäuden der Gebäudeklassen 1 und 2,
2. für die Verbindung von höchstens zwei Geschossen innerhalb derselben Nutzungseinheit von insgesamt nicht mehr als 200 m², wenn in jedem Geschoss ein anderer Rettungsweg erreicht werden kann und
3. als Außentreppe, wenn ihre Nutzung ausreichend sicher ist und im Brandfall nicht gefährdet werden kann.

(2) Von jeder Stelle eines Aufenthaltsraumes sowie eines Kellergeschosses muss mindestens ein Ausgang in einen notwendigen Treppenraum oder ins Freie in höchstens 35 m Entfernung erreichbar sein. Übereinanderliegende Kellergeschosse müssen jeweils mindestens zwei Ausgänge in notwendige Treppenräume oder ins Freie haben. Sind mehrere notwendige Treppenräume erforderlich, müssen sie so verteilt sein, dass sie möglichst entgegengesetzt liegen und dass die Rettungswege möglichst kurz sind.

(3) Jeder notwendige Treppenraum muss einen unmittelbaren Ausgang ins Freie haben. Sofern der Ausgang eines notwendigen Treppenraumes nicht unmittelbar ins Freie führt, muss der Raum zwischen dem notwendigen Treppenraum und dem Ausgang ins Freie

1. mindestens so breit sein wie die dazugehörigen Treppenläufe,
2. Wände haben, die die Anforderungen an die Wände des Treppenraumes erfüllen,
3. rauchdichte und selbstschließende Abschlüsse zu notwendigen Fluren haben und
4. ohne Öffnungen zu anderen Räumen, ausgenommen zu notwendigen Fluren, sein.

(4) Die Wände notwendiger Treppenräume müssen als raumabschließende Bauteile

1. in Gebäuden der Gebäudeklasse 5 die Bauart von Brandwänden haben,
2. in Gebäuden der Gebäudeklasse 4 auch unter zusätzlicher mechanischer Beanspruchung hochfeuerhemmend sein und
3. in Gebäuden der Gebäudeklasse 3 feuerhemmend sein.

Dies ist nicht erforderlich für Außenwände von Treppenräumen, die aus nichtbrennbaren Baustoffen bestehen und durch andere an diese Außenwände anschließende Gebäudeteile im Brandfall nicht gefährdet werden können. Der obere Abschluss notwendiger Treppenräume muss als raumabschließendes Bauteil die Feuerwiderstandsfähigkeit der Decken des Gebäudes haben. Dies gilt nicht, wenn der obere Abschluss das Dach ist und die Treppenraumwände bis unter die Dachhaut reichen oder ein Hohlraum nach § 2 Absatz 5 Satz 3 ist.

(5) In notwendigen Treppenräumen und in Räumen nach Absatz 3 Satz 2 müssen

1. Bekleidungen, Putze, Dämmstoffe, Unterdecken und Einbauten aus nichtbrennbaren Baustoffen bestehen,
2. Wände und Decken aus brennbaren Baustoffen eine Bekleidung aus nichtbrennbaren Baustoffen in ausreichender Dicke haben und
3. Bodenbeläge, ausgenommen Gleitschutzprofile, aus mindestens schwerentflammbaren Baustoffen bestehen.

(6) In notwendigen Treppenräumen müssen Öffnungen

1. zu Kellergeschossen, zu nicht ausgebauten Dachräumen, Werkstätten, Läden, Lager- und ähnlichen Räumen sowie zu sonstigen Räumen und Nutzungseinheiten mit einer Fläche von mehr als 200 m², ausgenommen Wohnungen, mindestens feuerhemmende, rauchdichte und selbstschließende Abschlüsse,
2. zu notwendigen Fluren rauchdichte und selbstschließende Abschlüsse,
3. zu sonstigen Räumen und Nutzungseinheiten, ausgenommen Wohnungen, mindestens dicht- und selbstschließende Abschlüsse und
4. zu Wohnungen mindestens dichtschließende Abschlüsse

haben. Die Feuerschutz- und Rauchschutzabschlüsse dürfen lichtdurchlässige Seitenteile und Oberlichte enthalten, wenn der Abschluss insgesamt nicht breiter als 2,50 m ist.

(7) Notwendige Treppenräume müssen zu beleuchten sein. Notwendige Treppenräume ohne Fenster müssen in Gebäuden mit einer Höhe nach § 2 Absatz 3 Satz 2 von mehr als 13 m eine Sicherheitsbeleuchtung haben.

(8) Notwendige Treppenräume müssen belüftet und zur Unterstützung wirksamer Löscharbeiten entraucht werden können. Sie müssen

1. in jedem oberirdischen Geschoss unmittelbar ins Freie führende Fenster mit einem freien Querschnitt von mindestens 0,50 m² haben, die geöffnet werden können oder
2. an der obersten Stelle eine Öffnung zur Rauchableitung haben.

In den Fällen des Satzes 2 Nummer 1 ist in Gebäuden der Gebäudeklasse 5 an der obersten Stelle zusätzlich eine Öffnung zur Rauchableitung erforderlich. In den Fällen des Satzes 2 Nummer 2 sind in Gebäuden der Gebäudeklassen 4 und 5, soweit dies zur Erfüllung der Anforderungen nach Satz 1 erforderlich ist, besondere Vorkehrungen zu treffen. Öffnungen zur Rauchableitung nach den Sätzen 2 und 3 müssen in jedem Treppenraum einen freien

Querschnitt von insgesamt mindestens 1 m² und Vorrichtungen zum Öffnen ihrer Abschlüsse haben, die vom Erdgeschoss sowie vom obersten Treppenabsatz aus bedient werden können.

(9) In Geschossen mit mehr als vier Wohnungen oder Nutzungseinheiten vergleichbarer Größe müssen notwendige Flure angeordnet sein.

§ 36
Notwendige Flure und Gänge

(1) Flure, über die Rettungswege aus Aufenthaltsräumen oder aus Nutzungseinheiten mit Aufenthaltsräumen zu Ausgängen in notwendige Treppenräume oder ins Freie führen (notwendige Flure), müssen so angeordnet und ausgebildet sein, dass die Nutzung im Brandfall ausreichend lang möglich ist. Notwendige Flure sind nicht erforderlich

1. in Wohngebäuden der Gebäudeklassen 1 und 2,
2. in sonstigen Gebäuden der Gebäudeklassen 1 und 2, ausgenommen in Kellergeschossen,
3. innerhalb von Nutzungseinheiten mit nicht mehr als 200 m² und innerhalb von Wohnungen und
4. innerhalb von Nutzungseinheiten, die einer Büro- oder Verwaltungsnutzung dienen, mit nicht mehr als 400 m²; das gilt auch für Teile größerer Nutzungseinheiten, wenn diese Teile nicht größer als 400 m² sind, Trennwände nach § 29 Absatz 2 Nummer 1 haben und jeder Teil unabhängig von anderen Teilen Rettungswege nach § 33 Absatz 1 hat.

(2) Notwendige Flure müssen so breit sein, dass sie für den größten zu erwartenden Verkehr ausreichen. In den Fluren ist eine Folge von weniger als drei Stufen unzulässig.

(3) Notwendige Flure sind durch nichtabschließbare, rauchdichte und selbstschließende Abschlüsse in Rauchabschnitte zu unterteilen. Die Rauchabschnitte sollen nicht länger als 30 m sein. Die Abschlüsse sind bis an die Rohdecke zu führen. Sie dürfen bis an die Unterdecke der Flure geführt werden, wenn die Unterdecke feuerhemmend ist. Notwendige Flure mit nur einer Fluchtrichtung, die zu einem Sicherheitstreppenraum führen, dürfen nicht länger als 15 m sein. Die Sätze 1 bis 5 gelten nicht für offene Gänge nach Absatz 5.

(4) Die Wände notwendiger Flure müssen als raumabschließende Bauteile feuerhemmend, in Kellergeschossen, deren tragende und aussteifende Bauteile feuerbeständig sein müssen, feuerbeständig sein. Die Wände sind bis an die Rohdecke zu führen. Sie dürfen bis an die Unterdecke der Flure geführt werden, wenn die Unterdecke feuerhemmend und ein demjenigen nach Satz 1 vergleichbarer Raumabschluss sichergestellt ist. Türen in diesen Wänden müssen dicht schließen. Öffnungen zu Lagerbereichen im Kellergeschoss müssen feuerhemmende, dicht- und selbstschließende Abschlüsse haben.

(5) Für Wände und Brüstungen notwendiger Flure mit nur einer Fluchtrichtung, die als offene Gänge vor den Außenwänden angeordnet sind, gilt Absatz 4 entsprechend. Fenster sind in diesen Außenwänden ab einer Brüstungshöhe von 0,90 m zulässig.

(6) In notwendigen Fluren sowie in offenen Gängen nach Absatz 5 müssen

1. Bekleidungen, Putze, Unterdecken und Dämmstoffe aus nichtbrennbaren Baustoffen bestehen und
2. Wände und Decken aus brennbaren Baustoffen eine Bekleidung aus nichtbrennbaren Baustoffen in ausreichender Dicke haben.

Fußbodenbeläge müssen mindestens schwerentflammbar sein.

§ 37
Aufzüge

(1) Aufzugsanlagen müssen den weitergehenden bundesgesetzlichen Anforderungen entsprechen, die für überwachungsbedürftige Anlagen, die gewerblichen oder wirtschaftlichen Zwecken dienen oder in deren Gefahrenbereich Arbeitnehmer beschäftigt werden, gelten. Dies gilt auch für die Vorschriften über die Prüfungen mit der Maßgabe, dass festgestellte Mängel auch der unteren Bauaufsichtsbehörde mitzuteilen sind.

(2) Aufzüge im Innern von Gebäuden müssen eigene Fahrschächte haben, um eine Brandausbreitung in andere Geschosse ausreichend lang zu verhindern. In einem Fahrschacht dürfen bis zu drei Aufzüge liegen. Aufzüge ohne eigene Fahrschächte sind zulässig

1. innerhalb eines notwendigen Treppenraumes, ausgenommen in Hochhäusern,
2. innerhalb von Räumen, die Geschosse überbrücken,
3. zur Verbindung von Geschossen, die offen miteinander in Verbindung stehen dürfen und
4. in Gebäuden der Gebäudeklassen 1 und 2.

Sie müssen sicher umkleidet sein.

(3) Die Fahrschachtwände müssen als raumabschließende Bauteile

1. in Gebäuden der Gebäudeklasse 5 feuerbeständig und aus nichtbrennbaren Baustoffen,
2. in Gebäuden der Gebäudeklasse 4 hochfeuerhemmend und
3. in Gebäuden der Gebäudeklasse 3 feuerhemmend

sein. Fahrschachtwände aus brennbaren Baustoffen müssen schachtseitig eine Bekleidung aus nichtbrennbaren Baustoffen in ausreichender Dicke haben. Fahrschachttüren und andere

Öffnungen in Fahrschachtwänden mit erforderlicher Feuerwiderstandsfähigkeit sind so herzustellen, dass die Anforderungen nach Absatz 2 Satz 1 nicht beeinträchtigt werden.

(4) Fahrschächte müssen zu lüften sein und eine Öffnung zur Rauchableitung mit einem freien Querschnitt von mindestens 2,5 Prozent der Fahrschachtgrundfläche, mindestens jedoch 0,10 m² haben. Diese Öffnung darf einen Abschluss haben, der im Brandfall selbsttätig öffnet und von mindestens einer geeigneten Stelle aus bedient werden kann. Die Lage der Rauchaustrittsöffnungen muss so gewählt werden, dass der Rauchaustritt durch Windeinfluss nicht beeinträchtigt wird.

(5) Bei Aufzügen, die außerhalb von Gebäuden liegen oder die nicht mehr als drei übereinanderliegende Geschosse verbinden, sowie bei vereinfachten Güteraufzügen, Kleingüteraufzügen, Lagerhausaufzügen, Rollstuhlaufzügen und bei Aufzugsanlagen, die den bundesrechtlichen Vorschriften für überwachungsbedürftige Anlagen nicht unterliegen, kann von den Anforderungen nach den Absätzen 1 und 2 abgewichen werden, wenn wegen der Betriebssicherheit und des Brandschutzes Bedenken nicht bestehen.

(6) Aufzüge müssen barrierefrei sein. Vor den Aufzügen muss eine ausreichende Bewegungsfläche vorhanden sein.

(7) Gebäude mit mehr als drei oberirdischen Geschossen müssen Aufzüge in ausreichender Zahl haben. Von diesen Aufzügen muss in Gebäuden mit mehr als fünf oberirdischen Geschossen mindestens ein Aufzug Krankentragen und Lasten aufnehmen können und Haltestellen in allen Geschossen haben. Dieser Aufzug muss von der öffentlichen Verkehrsfläche und von allen Nutzungseinheiten in dem Gebäude aus barrierefrei erreichbar sein.

(8) Fahrkörbe zur Aufnahme einer Krankentrage müssen eine nutzbare Grundfläche von mindestens 1,10 m x 2,10 m haben. Türen müssen eine lichte Durchgangsbreite von mindestens 0,90 m haben. In einem Aufzug für Rollstühle und Krankentragen darf der für Rollstühle nicht erforderliche Teil der Fahrkorbgrundfläche durch eine verschließbare Tür abgesperrt werden.

§ 38
Fenster, Türen, Kellerlichtschächte

(1) Können die Fensterflächen nicht gefahrlos vom Erdboden, vom Innern des Gebäudes, von Loggien oder Balkonen aus gereinigt werden, so sind Vorrichtungen wie Aufzüge, Halterungen oder Stangen anzubringen, die eine Reinigung von außen ermöglichen.

(2) Glastüren und andere Glasflächen, die bis zum Fußboden allgemein zugänglicher Verkehrsflächen herabreichen, sind so zu kennzeichnen, dass sie leicht erkannt werden können.

Weitere Schutzmaßnahmen sind für größere Glasflächen vorzusehen, wenn dies die Verkehrssicherheit erfordert.

(3) Eingangstüren von Nutzungseinheiten müssen eine lichte Durchgangsbreite von mindestens 0,90 m haben.

(4) Jedes Kellergeschoss ohne Fenster muss mindestens eine Öffnung ins Freie haben, um eine Rauchableitung zu ermöglichen. Gemeinsame Kellerlichtschächte für übereinanderliegende Kellergeschosse sind unzulässig.

(5) Fenster, die als Rettungswege nach § 33 Absatz 2 Satz 2 dienen, müssen im Lichten mindestens 0,90 m x 1,20 m groß sein. Sie dürfen nicht höher als 1,20 m über der Fußbodenoberkante angeordnet sein. Liegen diese Fenster in Dachschrägen oder Dachaufbauten, so darf ihre Unterkante oder ein davor liegender Auftritt von der Traufkante horizontal gemessen nicht mehr als 1 m entfernt sein. Der Abstand kann in Abstimmung mit der Brandschutzdienststelle vergrößert werden. Von den Fenstern müssen sich Menschen zu öffentlichen Verkehrsflächen oder zu Flächen für die Feuerwehr bemerkbar machen können.

§ 39
Umwehrungen

(1) In, an und auf baulichen Anlagen sind Flächen, die im Allgemeinen zum Begehen bestimmt sind und unmittelbar an mehr als 1 m tiefer liegende Flächen angrenzen, zu umwehren. Dies gilt nicht, wenn eine Umwehrung dem Zweck der Fläche widerspricht, wie bei Verladerampen, Kais und Schwimmbecken.

(2) Nicht begehbare Oberlichter und Glasabdeckungen in Flächen, die im Allgemeinen zum Begehen bestimmt sind, sind zu umwehren, wenn sie weniger als 0,50 m aus diesen Flächen herausragen.

(3) Kellerlichtschächte und Betriebsschächte, die an Verkehrsflächen liegen, sind zu umwehren oder verkehrssicher abzudecken. Abdeckungen an und in öffentlichen Verkehrsflächen müssen gegen unbefugtes Abheben gesichert sein.

(4) Notwendige Umwehrungen müssen folgende Mindesthöhen haben:

1. Umwehrungen zur Sicherung von Öffnungen in begehbaren Decken, Dächern sowie Umwehrungen von Flächen mit einer Absturzhöhe von 1 m bis zu 12 m: 1 m und
2. Umwehrungen von Flächen mit mehr als 12 m Absturzhöhe: 1,10 m.

(5) Fensterbrüstungen müssen bei einer Absturzhöhe von bis zu 12 m mindestens 0,90 m, darüber mindestens 1 m hoch sein. Die Höhe bestimmt sich von der betretbaren Fläche vor der

Brüstung bis zu deren Oberkante. Geringere Brüstungshöhen sind zulässig, wenn durch andere Umwehrungen diese Mindesthöhen eingehalten werden. In diesem Fall sind die Mindesthöhen nach Absatz 4 einzuhalten. Im Erdgeschoss können geringere Brüstungshöhen gestattet werden.

Abschnitt 5
Haustechnische Anlagen

§ 40
Leitungsanlagen

(1) Leitungen dürfen durch raumabschließende Bauteile, für die eine Feuerwiderstandsfähigkeit vorgeschrieben ist, nur hindurchgeführt werden, wenn eine Brandausbreitung ausreichend lang nicht zu befürchten ist oder Vorkehrungen hiergegen getroffen sind. Dies gilt nicht

1. für Gebäude der Gebäudeklassen 1 und 2,
2. innerhalb von Wohnungen und
3. innerhalb derselben Nutzungseinheit mit nicht mehr als insgesamt 400 m² in nicht mehr als zwei Geschossen.

(2) In notwendigen Treppenräumen, in Räumen zwischen notwendigen Treppenräumen und Ausgängen ins Freie und in notwendigen Fluren sind Leitungsanlagen nur zulässig, wenn eine Nutzung als Rettungsweg im Brandfall ausreichend lang möglich ist.

§ 41
Installationsschächte und Installationskanäle

(1) Für Schächte und Kanäle zur Installation von Leitungs- oder Lüftungsanlagen (Installationsschächte und Installationskanäle) gelten § 40 Absatz 1 sowie § 42 Absatz 2 und 3 entsprechend.

(2) Eine Bauart von Installationsschächten und -kanälen muss so ausgeführt werden, dass sie der Feuerwiderstandsfähigkeit der von ihnen durchdrungenen raumabschließenden Bauteile entsprechen oder in der Ebene dieser raumabschließenden Bauteile eine Unterteilung mit Abschlüssen entsprechender Feuerwiderstandsfähigkeit erfolgt.

§ 42
Lüftungsanlagen

(1) Lüftungsanlagen müssen betriebssicher sein. Sie dürfen den ordnungsgemäßen Betrieb von Feuerstätten nicht beeinträchtigen. Feuer und Rauch dürfen nicht in andere Geschosse, Brandabschnitte, Treppenräume oder notwendige Flure übertragen werden können.

(2) Lüftungsleitungen sowie deren Bekleidungen und Dämmstoffe müssen aus nichtbrennbaren Baustoffen bestehen. Brennbare Baustoffe sind zulässig, wenn Bedenken wegen des Brandschutzes nicht bestehen. Lüftungsleitungen dürfen raumabschließende Bauteile, für die eine Feuerwiderstandsfähigkeit vorgeschrieben ist, nur überbrücken, wenn sie

1. in der höchsten vorgeschriebenen Feuerwiderstandsfähigkeit der von ihnen durchdrungenen raumabschließenden Bauteile ausgeführt werden oder
2. Brandschutzklappen mit der vorgeschriebenen Feuerwiderstandsfähigkeit der durchdrungenen Bauteile in diesen vorgesehen werden.

Mündungen von Lüftungsleitungen sind so anzuordnen oder auszustatten, dass Rauch nicht durch sie eindringen und aus ihnen austretender Rauch nicht an anderer Stelle in das Gebäude eintreten kann. Feuerwiderstandsfähige Lüftungsleitungen müssen so ausgeführt werden, dass sie insbesondere bei wechselnden Belastungen im Betrieb (Druck, Temperatur und Feuchtigkeit) keine unzulässigen Veränderungen erfahren können, die die Feuerwiderstandsfähigkeit beeinträchtigen. Brandschutzklappen müssen mindestens thermische Auslöseelemente haben, die bei einer Temperatur von 72 Grad Celsius ein selbsttätiges Schließen einleiten. Lediglich in Zuluftleitungen von Warmluftheizungsanlagen dürfen auch Auslöseelemente mit einer Auslösetemperatur von 95 Grad Celsius verwendet werden.

(3) Lüftungsanlagen sind so herzustellen, dass sie Gerüche und Staub nicht in andere Räume übertragen. Die Weiterleitung von Schall in fremde Räume muss ausreichend gedämmt sein.

(4) Lüftungsleitungen dürfen nicht in Abgasanlagen eingeführt werden. In Lüftungsleitungen dürfen Abgase von Feuerstätten eingeleitet werden, wenn die Abluft ins Freie geführt wird und Bedenken wegen der Betriebssicherheit und des Brandschutzes nicht bestehen und die Verbrennungsgase nicht zu Gefahren und unzumutbaren Belästigungen führen können. Die Abluft ist ins Freie zu führen. Nicht zur Lüftungsanlage gehörende Einrichtungen sind in Lüftungsleitungen unzulässig.

(5) Für raumlufttechnische Anlagen und Warmluftheizungen gelten die Absätze 1 bis 4 sinngemäß.
(6) Die Absätze 2 und 3 gelten nicht

1. für Gebäude der Gebäudeklassen 1 und 2,
2. innerhalb von Wohnungen und

3. innerhalb derselben Nutzungseinheit mit nicht mehr als 400 m² in nicht mehr als zwei Geschossen.

(7) Fensterlose Bäder und Toilettenräume müssen wirksam maschinell gelüftet werden. Die Absätze 2 und 6 gelten entsprechend. Abweichend von Absatz 2 dürfen auch Lüftungssysteme mit anderen Absperrelementen verwendet werden, wenn für diese Systeme ein bauaufsichtlicher Verwendbarkeitsnachweis vorliegt und keine anderen Räume von dieser Lüftungsanlage be- oder entlüftet werden.

(8) Öffnungen zu Lüftungszwecken ohne Anschluss von Lüftungsleitungen sind in feuerwiderstandsfähigen, raumabschließenden Bauteilen zulässig, wenn sie mit einem zum Verschließen dieser Öffnungen vorgesehenen Bauprodukt mit bauaufsichtlichem Verwendbarkeitsnachweis ausgestattet werden.

§ 43
Feuerungsanlagen, Wärme- und Brennstoffversorgungsanlagen

(1) Feuerstätten und Abgasanlagen, wie Schornsteine, Abgasleitungen und Verbindungsstücke (Feuerungsanlagen), Anlagen zur Abführung von Verbrennungsgasen ortsfester Verbrennungsmotoren sowie Behälter und Rohrleitungen für brennbare Gase und Flüssigkeiten müssen betriebssicher und brandsicher sein und dürfen auch sonst nicht zu Gefahren und unzumutbaren Belästigungen führen können. Die Weiterleitung von Schall in fremde Räume muss ausreichend gedämmt sein. Abgasanlagen müssen leicht und sicher zu reinigen sein. Feuerungsanlagen für feste Brennstoffe dürfen in einem Abstand von weniger als 100 m zu Wald nur errichtet oder betrieben werden, wenn durch geeignete Maßnahmen gewährleistet ist, dass kein Waldbrand entsteht.

(2) Für die Anlagen zur Verteilung von Wärme und zur Warmwasserversorgung gilt Absatz 1 Satz 1 und 2 sinngemäß.

(3) Feuerstätten, ortsfeste Verbrennungsmotore und Verdichter sowie Behälter für brennbare Gase und Flüssigkeiten dürfen nur in Räumen aufgestellt werden, bei denen nach Lage, Größe, baulicher Beschaffenheit und Benutzungsart Gefahren nicht entstehen können.

(4) Die Abgase der Feuerstätten sind durch Abgasanlagen über Dach, die Verbrennungsgase ortsfester Verbrennungsmotoren sind durch Anlagen zur Abführung dieser Gase über Dach abzuleiten. Abgasanlagen sind in solcher Zahl und Lage und so herzustellen, dass die Feuerstätten des Gebäudes ordnungsgemäß angeschlossen werden können.

(5) Bei der Errichtung oder Änderung von Schornsteinen sowie beim Anschluss von Feuerstätten an Schornsteine oder Abgasleitungen hat die Bauherrin oder der Bauherr sich von der bevollmächtigten Bezirksschornsteinfegermeisterin oder dem bevollmächtigten

Bezirksschornsteinfegermeister bescheinigen zu lassen, dass die Abgasanlage sich in einem ordnungsgemäßen Zustand befindet und für die angeschlossenen Feuerstätten geeignet ist. Bei der Errichtung von Schornsteinen soll vor Erteilung der Bescheinigung auch der Rohbauzustand besichtigt worden sein. Stellt die bevollmächtigte Bezirksschornsteinfegermeisterin oder der bevollmächtigte Bezirksschornsteinfegermeister Mängel fest, hat sie oder er diese Mängel der Bauaufsichtsbehörde mitzuteilen. Satz 1 gilt nicht für Abgasanlagen, die gemeinsam mit der Feuerstätte in Verkehr gebracht werden und ein gemeinsames CE-Zeichen tragen dürfen.

(6) Gasfeuerstätten dürfen in Räumen nur aufgestellt werden, wenn durch besondere Vorrichtungen an den Feuerstätten oder durch Lüftungsanlagen sichergestellt ist, dass gefährliche Ansammlungen von unverbranntem Gas in den Räumen nicht entstehen.

(7) Brennstoffe sind so zu lagern, dass Gefahren oder unzumutbare Belästigungen nicht entstehen.

§ 44
Wasserversorgungsanlagen

(1) Wasserversorgungsanlagen sind so anzuordnen, herzustellen und instand zu halten, dass sie betriebssicher sind und Gefahren oder unzumutbare Belästigungen nicht entstehen können.

(2) Jede Wohnung und jede sonstige Nutzungseinheit müssen einen eigenen Wasserzähler haben. Dies gilt nicht bei Nutzungsänderungen, wenn die Anforderung nach Satz 1 nur mit unverhältnismäßigem Aufwand erfüllt werden kann.

§ 45
Blitzschutzanlagen

Bauliche Anlagen, bei denen nach Lage, Bauart oder Nutzung Blitzschlag leicht eintreten und zu schweren Folgen führen kann, sind mit dauernd wirksamen Blitzschutzanlagen zu versehen.

§ 46
Aufbewahrung fester Abfallstoffe

(1) Feste Abfallstoffe dürfen innerhalb von Gebäuden vorübergehend aufbewahrt werden, in Gebäuden der Gebäudeklassen 3 bis 5 jedoch nur, wenn die dafür bestimmten Räume

1. Trennwände und Decken als raumabschließende Bauteile mit der Feuerwiderstandsfähigkeit der tragenden Wände haben,

2. Öffnungen vom Gebäudeinneren zum Aufstellraum mit feuerhemmenden, dicht und selbstschließenden Abschlüssen haben,

3. unmittelbar vom Freien entleert werden können und

4. eine ständig wirksame Lüftung haben.

(2) Vorhandene Abfallschächte dürfen nicht betrieben werden. Der Betrieb von Abfallschächten, die zum Zeitpunkt des Inkrafttretens dieser Vorschrift betrieben werden, kann widerruflich unter der Voraussetzung genehmigt werden, dass der Betreiber den sicheren und störungsfreien Betrieb und eine wirksame Abfalltrennung ständig überwacht und dies dokumentiert. Den Bauaufsichtsbehörden sind diese Aufzeichnungen auf Verlangen vorzulegen.

Abschnitt 6
Aufenthaltsräume und Wohnungen

§ 47
Aufenthaltsräume

(1) Aufenthaltsräume müssen eine für ihre Benutzung ausreichende Grundfläche und eine lichte Höhe von mindestens 2,40 m haben. Für Aufenthaltsräume in Wohngebäuden der Gebäudeklassen 1 und 2 kann eine lichte Höhe von mindestens 2,30 m gestattet werden. Für Aufenthaltsräume im Dachraum und im Kellergeschoss, im Übrigen für einzelne Aufenthaltsräume und Teile von Aufenthaltsräumen genügt eine lichte Höhe von mindestens 2,20 m. Aufenthaltsräume unter einer Dachschräge müssen eine lichte Höhe von 2,20 m über mindestens der Hälfte ihrer Grundfläche haben. Raumteile mit einer lichten Höhe bis zu 1,50 m bleiben außer Betracht.

(2) Aufenthaltsräume müssen unmittelbar ins Freie führende Fenster von solcher Zahl und Beschaffenheit haben, dass die Räume ausreichend Tageslicht erhalten und belüftet werden können (notwendige Fenster). Das Rohbaumaß der Fensteröffnungen muss mindestens ein Achtel der Grundfläche des Raumes betragen. Ein geringeres Maß ist zulässig, wenn wegen der Lichtverhältnisse Bedenken nicht bestehen. Oberlichter anstelle von Fenstern sind zulässig, wenn wegen der Nutzung des Aufenthaltsraumes Bedenken nicht bestehen.

(3) Verglaste Vorbauten und Loggien sind vor notwendigen Fenstern zulässig, wenn eine ausreichende Lüftung und Beleuchtung mit Tageslicht sichergestellt ist.

(4) Aufenthaltsräume, deren Nutzung eine Beleuchtung mit Tageslicht verbietet, sind ohne Fenster zulässig, wenn eine wirksame Lüftung gesichert ist. Küchen sind ohne eigene Fenster

zulässig, wenn sie eine Sichtverbindung zu einem Aufenthaltsraum mit Fenstern nach Absatz 2 Satz 1 bis 3 haben und eine wirksame Lüftung gesichert ist. Bei Aufenthaltsräumen, die nicht dem Wohnen dienen, ist anstelle einer ausreichenden Beleuchtung mit Tageslicht und Lüftung durch Fenster eine Ausführung nach Satz 1 zulässig, wenn wegen der Gesundheit Bedenken nicht bestehen. Aufenthaltsräume, die dem Wohnen dienen, dürfen anstelle einer Lüftung durch Fenster mechanisch betriebene Lüftungsanlagen haben, wenn wegen der Gesundheit Bedenken nicht bestehen.

(5) In Kellergeschossen sind Aufenthaltsräume zulässig, deren Nutzung eine Beleuchtung mit Tageslicht verbietet, ferner Verkaufsräume, Gaststätten, ärztliche Behandlungsräume, Sport- und Spielräume sowie ähnliche Räume. Absatz 4 gilt sinngemäß. Einzelne Aufenthaltsräume, die dem Wohnen dienen, sind im Kellergeschoss zulässig, wenn sie zu einer Wohnung im Erdgeschoss gehören und mit dieser über eine in der Wohnung liegende Treppe unmittelbar verbunden sind. Im Übrigen sind Aufenthaltsräume und Wohnungen in Kellergeschossen nur zulässig, wenn das Gelände vor Außenwänden mit notwendigen Fenstern in einer für die Beleuchtung mit Tageslicht ausreichenden Entfernung und Breite nicht mehr als 0,80 m über dem Fußboden liegt.

§ 48
Wohnungen

(1) Jede Wohnung muss von anderen Wohnungen und fremden Räumen baulich abgeschlossen sein und einen eigenen, abschließbaren Zugang unmittelbar vom Freien, von einem Treppenraum, einem Flur oder einem anderen Vorraum haben. Dies gilt nicht für Wohnungen in Wohngebäuden mit nicht mehr als zwei Wohnungen. Wohnungen in Gebäuden, die nicht nur zum Wohnen dienen, müssen einen besonderen Zugang haben. Gemeinsame Zugänge sind zulässig, wenn Gefahren oder unzumutbare Belästigungen für die Benutzerinnen und Benutzer der Wohnungen nicht entstehen.

(2) In Gebäuden mit mehr als zwei Wohnungen müssen die Wohnungen eines Geschosses barrierefrei, aber nicht uneingeschränkt mit dem Rollstuhl nutzbar sein. In Gebäuden, die gemäß § 37 Absatz 7 Satz 1 Aufzüge haben müssen, müssen alle Wohnungen barrierefrei, aber nicht uneingeschränkt mit dem Rollstuhl nutzbar sein. Von den Wohnungen nach Satz 1 und 2 müssen in Gebäuden mit mehr als acht Wohnungen eine, in Gebäuden mit mehr als 15 Wohnungen zwei uneingeschränkt mit dem Rollstuhl nutzbar sein. Die Verpflichtung nach Satz 1 kann auch durch entsprechende Wohnungen in mehreren Geschossen erfüllt werden. Abweichungen von den Sätzen 1 bis 3 können bei der Änderung oder Nutzungsänderung von Gebäuden zugelassen werden, soweit die Anforderungen nur mit unverhältnismäßigem Mehraufwand erfüllt werden können.

(3) Wohnungen müssen durchlüftet werden können. Reine Nordlage aller Wohn- und Schlafräume ist unzulässig.

(4) Jede Wohnung muss eine Küche oder Kochnische haben sowie über einen Abstellraum verfügen. Der Abstellraum soll mindestens 6 m² groß sein. Davon soll außer in Wohngebäuden mit nicht mehr als zwei Wohnungen eine Abstellfläche von mindestens 0,5 m² innerhalb der Wohnung liegen.

(5) Für Gebäude mit mehr als zwei Wohnungen sind Abstellräume für Kinderwagen und Fahrräder sowie für Rollstühle, Rollatoren und ähnliche Hilfsmittel in ausreichender Größe herzustellen.

(6) Bei Gebäuden mit barrierefreien Wohnungen müssen alle gemeinschaftlich genutzten Räume, Flächen und Nebenanlagen barrierefrei sein.

(7) Für Gebäude mit mehr als zwei Wohnungen sollen ausreichend große Trockenräume zur gemeinschaftlichen Benutzung eingerichtet werden.

(8) In Wohnungen müssen Schlafräume und Kinderzimmer sowie Flure, über die Rettungswege von Aufenthaltsräumen führen, jeweils mindestens einen Rauchwarnmelder haben. Dieser muss so eingebaut oder angebracht und betrieben werden, dass Brandrauch frühzeitig erkannt und gemeldet wird. Wohnungen, die bis zum 31. März 2013 errichtet oder genehmigt sind, haben die Eigentümer spätestens bis zum 31. Dezember 2016 entsprechend den Anforderungen nach den Sätzen 1 und 2 auszustatten. Die Betriebsbereitschaft der Rauchwarnmelder hat der unmittelbare Besitzer sicherzustellen, es sei denn, der Eigentümer hat diese Verpflichtung bis zum 31. März 2013 selbst übernommen.

§ 49
Bäder und Toilettenräume

(1) Jede Wohnung muss ein Bad mit Badewanne oder Dusche haben.

(2) Jede Wohnung und jede Nutzungseinheit mit Aufenthaltsräumen muss mindestens eine Toilette haben. Toilettenräume für Wohnungen müssen innerhalb der Wohnung liegen.

Abschnitt 7
Besondere Anlagen

§ 50
Stellplätze und Garagen, Abstellplätze für Fahrräder

(1) Die Gemeinden können durch Satzung regeln, dass bei Errichtung, Änderung oder Nutzungsänderung baulicher Anlagen, bei denen ein Zu- und Abgangsverkehr mittels Kraftfahrzeug oder Fahrrad zu erwarten ist, Stellplätze oder Garagen und Abstellplätze für Fahrräder hergestellt werden müssen. Sie können auch bestimmen, dass an Stelle der Stellplätze oder Garagen ein Geldbetrag an die Gemeinde zu zahlen ist, wenn die Herstellung notwendiger Stellplätze oder Garagen nicht oder nur unter großen Schwierigkeiten möglich ist oder aus städtebaulichen Gründen untersagt wurde.

(2) Bei Errichtung, Änderung und Nutzungsänderung baulicher Anlagen nach § 48 Absatz 2 und § 54 Absatz 1 müssen geeignete Stellplätze für Menschen mit Behinderungen in ausreichender Zahl und Größe hergestellt werden. Diese Stellplätze sollen in der Nähe der barrierefreien Eingänge angeordnet werden.

§ 51
Ställe, Dungstätten und Gärfutterbehälter

(1) Ställe sind so anzuordnen, zu errichten und instand zu halten, dass eine ordnungsgemäße Tierhaltung sichergestellt ist und die Umgebung nicht unzumutbar belästigt wird. Ställe müssen ausreichend zu lüften sein.

(2) Die ins Freie führenden Stalltüren dürfen nicht nach innen aufschlagen. Ihre Zahl, Höhe und Breite müssen so groß sein, dass die Tiere bei Gefahr ohne Schwierigkeiten ins Freie gelangen können.

(3) Bauteile wie Wände, Decken, Fußböden müssen gegen schädliche Einflüsse der Stallluft, der Jauche und des Flüssigmists geschützt sein. Der Fußboden des Stalles oder darunter liegende Auffangräume für Abgänge müssen wasserdicht sein. Für Pferdeställe, Schafställe, Ziegenställe und Kleintierställe sowie für Offenställe, Laufställe und für Räume, in denen Tiere nur vorübergehend untergebracht werden, können Abweichungen zugelassen werden.

(4) Für Stalldung sind Dungstätten mit wasserdichten Böden anzulegen. Die Wände müssen bis in ausreichender Höhe wasserdicht sein. Flüssige Abgänge aus Ställen und Dungstätten sind in wasserdichte Jauchebehälter oder Flüssigmistbehälter zu leiten, die keine Verbindung zu anderen Abwasseranlagen haben dürfen.

(5) Dungstätten, Jauchebehälter und Flüssigmistbehälter sollen

1. von Öffnungen zu Aufenthaltsräumen mindestens 5 m,
2. von der Nachbargrenze mindestens 2 m,

3. von öffentlichen Verkehrsflächen mindestens 10 m und
4. von Brunnen und oberirdischen Gewässern mindestens 15 m

entfernt sein.

(6) Gärfutterbehälter, die nicht nur vorübergehend benutzt werden, müssen dichte Wände und Böden haben und so angeordnet, hergestellt und instandgehalten werden, dass Gefahren oder unzumutbare Belästigungen nicht entstehen. Die Sickersäfte sind einwandfrei zu beseitigen. Absatz 5 Nummer 4 gilt entsprechend.

§ 52
Behelfsbauten und untergeordnete Gebäude

(1) Die §§ 26 bis 51 gelten nicht für Anlagen, die nach ihrer Ausführung für eine dauernde Nutzung nicht geeignet sind oder die für eine begrenzte Zeit aufgestellt werden sollen (Behelfsbauten).

(2) Absatz 1 gilt auch für

1. Gebäude ohne Aufenthaltsräume und ohne Feuerstätten mit nicht mehr als 50 m³ Brutto-Rauminhalt,
2. freistehende andere Gebäude, die eingeschossig sind und nicht für einen Aufenthalt oder nur für einen vorübergehenden Aufenthalt bestimmt sind wie Lauben und Unterkunftshütten sowie
3. Gebäude mit Abstellräumen nach § 6 Absatz 11.

(3) Gebäude nach Absatz 1, die überwiegend aus brennbaren Baustoffen bestehen, dürfen nur erdgeschossig hergestellt werden. Ihre Dachräume dürfen nicht nutzbar sein und müssen von den Giebelseiten oder vom Flur aus für die Brandbekämpfung erreichbar sein. Brandwände (§ 30) sind mindestens alle 30 m anzuordnen und stets 0,30 m über Dach und vor die Seitenwände zu führen.

§ 53
Sonderbauten

(1) Für bauliche Anlagen und Räume besonderer Art oder Nutzung (Sonderbauten) können im Einzelfall zur Verwirklichung der allgemeinen Anforderungen nach § 3 Absatz 1 besondere Anforderungen gestellt werden. Erleichterungen können im Einzelfall gestattet werden, soweit es der Einhaltung von Vorschriften

1. wegen der besonderen Art oder Nutzung baulicher Anlagen und Räume oder
2. wegen der besonderen Anforderungen nach Satz 1

nicht bedarf.

(2) Anforderungen und Erleichterungen können sich insbesondere erstrecken auf

1. die Abstände von Nachbargrenzen, von anderen baulichen Anlagen auf dem Grundstück und von öffentlichen Verkehrsflächen sowie auf die Größe der auf Baugrundstücken freizuhaltenden Flächen,
2. die Anordnung der baulichen Anlagen auf dem Grundstück,
3. die Öffnungen nach öffentlichen Verkehrsflächen und nach angrenzenden Grundstücken,
4. die Bauart und Anordnung aller für die Standsicherheit, Verkehrssicherheit, den Brand-, Wärme-, Schall- oder Gesundheitsschutz wesentlichen Bauteile und die Verwendung von Baustoffen,
5. Brandschutzeinrichtungen und Brandschutzvorkehrungen,
6. die Feuerungsanlagen und Heizräume,
7. die Anordnung und Herstellung der Aufzüge sowie die Treppen, Treppenräume, Flure, Ausgänge, sonstige Rettungswege und ihre Kennzeichnung,
8. die zulässige Zahl der Benutzerinnen und Benutzer, Anordnung und Zahl der zulässigen Sitzplätze und Stehplätze bei Versammlungsstätten, Gaststätten, Vergnügungsstätten, Tribünen und Fliegenden Bauten,
9. die Lüftung und Rauchableitung,
10 die Beleuchtung und Energieversorgung,
11. die Wasserversorgung für Löschzwecke,
12. die Aufbewahrung und Beseitigung von Abwasser und von Abfällen,
13. die Stellplätze und Garagen sowie die Abstellplätze für Fahrräder,
14. die Anlage von Zu- und Abfahrten,
15. die Anlage von Grünstreifen, Baumbepflanzungen und anderen Pflanzungen sowie die Begrünung von Aufschüttungen und Abgrabungen,
16. Löschwasser-Rückhalteanlagen,
17. die Qualifikation der Bauleiterin oder des Bauleiters, der Fachbauleiterinnen und der Fachbauleiter und der Unternehmerinnen und Unternehmer,
18. die Bestellung und die Qualifikation einer oder eines Brandschutzbeauftragten,
19. die Pflicht, ein Brandschutzkonzept vorzulegen und dessen Inhalt,
20. weitere Bescheinigungen, die nach Fertigstellung des Rohbaus oder nach abschließender Fertigstellung der baulichen Anlagen zu erbringen sind,
21. Nachweise über die Nutzbarkeit der Rettungswege im Brandfall,
22. Prüfungen und Prüfungen, die von Zeit zu Zeit zu wiederholen sind (wiederkehrende Prüfungen), sowie die Bescheinigungen, die hierfür zu erbringen sind,
23. den Betrieb und die Nutzung und
24. Gebäudefunkanlagen für die Feuerwehr.

(3) Große Sonderbauten sind

1. Hochhäuser (Gebäude mit einer Höhe nach § 2 Absatz 3 Satz 2 von mehr als 22 m),
2. bauliche Anlagen mit mehr als 30 m Höhe,
3. Gebäude und Räume mit mehr als 1 600 m² Grundfläche; ausgenommen Gewächshäuser ohne Verkaufsstätten, die einem land- oder forstwirtschaftlichen Betrieb oder einem Betrieb der gartenbaulichen Erzeugung dienen, und Wohngebäude,
4. Verkaufsstätten, deren Verkaufsräume und Ladenstraßen eine Grundfläche von mehr als 800 m² haben,
5. Messe- und Ausstellungsbauten,
6. Büro- und Verwaltungsgebäude mit mehr als 3 000 m² Geschossfläche,
7. Kirchen und Versammlungsstätten mit Räumen für mehr als 200 Besucher,
8. Sportstätten mit mehr als 1 600 m² Grundfläche oder mehr als 200 Besucherplätzen, Freisportanlagen mit mehr als 400 Tribünenplätzen,
9. Krankenhäuser und sonstige Einrichtungen zur Unterbringung oder Pflege von Personen sowie Tageseinrichtungen für Menschen mit Behinderungen und alte Menschen,
10 Kindertageseinrichtungen mit dem Aufenthalt für Kinder dienenden Räumen außerhalb des Erdgeschosses,
11. Gaststätten mit mehr als 40 Gastplätzen in Gebäuden oder mehr als 1 000 Gastplätzen im Freien, Beherbergungsbetriebe mit mehr als 30 Betten und Vergnügungsstätten,
12. Schulen, Hochschulen und ähnliche Einrichtungen,
13. Abfertigungsgebäude, zum Beispiel von Flughäfen und Bahnhöfen,
14. Justizvollzugsanstalten und bauliche Anlagen für den Maßregelvollzug,
15. bauliche Anlagen und Räume, deren Nutzung durch Umgang oder Lagerung von Stoffen mit Explosions- oder erhöhter Brandgefahr verbunden ist,
16. Garagen mit mehr als 1 000 m² Nutzfläche,
17. Camping- und Wochenendplätze,
18. Freizeit- und Vergnügungsparks,
19. Regallager mit einer Oberkante Lagerguthöhe von mehr als 9 m und
20. Zelte, soweit sie nicht Fliegende Bauten sind.

§ 54
Barrierefreiheit öffentlich zugänglicher baulicher Anlagen

(1) Bauliche Anlagen, die öffentlich zugänglich sind, und bauliche Anlagen für alte Menschen, Personen mit Kleinkindern und für Menschen mit Behinderungen müssen im erforderlichen Umfang barrierefrei sein. Öffentlich zugänglich sind bauliche Anlagen, wenn und soweit sie nach ihrem Zweck im Zeitraum ihrer Nutzung von im Vorhinein nicht bestimmbaren Personen aufgesucht werden können. Wohngebäude sind nicht öffentlich zugänglich im Sinne dieser Vorschrift.

(2) Werden rechtmäßig bestehende bauliche Anlagen nach Absatz 1 Satz 1 oder ihre Nutzung geändert, so kann eine Abweichung von den Anforderungen nach Absatz 1 Satz 1 zugelassen werden, wenn ihre Erfüllung einen unverhältnismäßigen Mehraufwand erforderte.

Teil 4
Die am Bau Beteiligten

§ 55
Grundsatz

Bei der Errichtung, Änderung, Instandhaltung, Nutzungsänderung oder dem Abbruch baulicher Anlagen sowie anderer Anlagen und Einrichtungen im Sinne des § 1 Absatz 1 Satz 2 sind die Bauherrin oder der Bauherr und im Rahmen ihres Wirkungskreises die anderen am Bau Beteiligten (§§ 57 bis 59) dafür verantwortlich, dass die öffentlich-rechtlichen Vorschriften eingehalten werden.

§ 56
Bauherrin, Bauherr

(1) Die Bauherrin oder der Bauherr hat zur Vorbereitung und Ausführung eines genehmigungsbedürftigen Bauvorhabens eine Entwurfsverfasserin oder einen Entwurfsverfasser (§ 57), Unternehmerinnen oder Unternehmer (§ 58) und eine Bauleiterin oder einen Bauleiter (§ 59) zu beauftragen. Die Bauherrin oder der Bauherr hat gegenüber der Bauaufsichtsbehörde die nach den öffentlich-rechtlichen Vorschriften erforderlichen Anzeigen, Nachweise und Unterlagen zu erbringen, soweit hierzu nicht die Bauleiterin oder der Bauleiter verpflichtet ist.

(2) Bei technisch einfachen baulichen Anlagen und anderen Anlagen und Einrichtungen im Sinne des § 1 Absatz 1 Satz 2 kann die Bauaufsichtsbehörde darauf verzichten, dass eine Entwurfsverfasserin oder ein Entwurfsverfasser und eine Bauleiterin oder ein Bauleiter beauftragt werden. Bei Bauarbeiten, die in Selbst- oder Nachbarschaftshilfe ausgeführt werden, ist die Beauftragung von Unternehmerinnen oder Unternehmern nicht erforderlich, wenn dabei genügend Fachkräfte mit der nötigen Sachkunde, Erfahrung und Zuverlässigkeit mitwirken. Genehmigungsbedürftige Abbrucharbeiten dürfen nicht in Selbst- oder Nachbarschaftshilfe ausgeführt werden.

(3) Sind die von der Bauherrin oder vom Bauherrn beauftragten Personen für ihre Aufgabe nach Sachkunde und Erfahrung nicht geeignet, so kann die Bauaufsichtsbehörde vor und während der Bauausführung verlangen, dass ungeeignete Beauftragte durch geeignete ersetzt oder Sachverständige beauftragt werden. Die Bauaufsichtsbehörde kann die Bauarbeiten einstellen lassen, bis geeignete Beauftragte oder Sachverständige beauftragt sind.

(4) Die Bauherrin oder der Bauherr trägt die Kosten für

1. die Entnahme von Proben und deren Prüfung (§ 82 Absatz 3) und
2. für die Tätigkeit von Sachverständigen oder sachverständigen Stellen auf Grund von § 61 Absatz 4 sowie von Rechtsverordnungen nach § 86 Absatz 2 Nummer 3.

(5) Die Bauherrin oder der Bauherr hat vor Baubeginn die Namen der Bauleiterin oder des Bauleiters und der Fachbauleiterinnen oder Fachbauleiter und während der Bauausführung einen Wechsel dieser Personen mitzuteilen. Die Bauaufsichtsbehörde kann verlangen, dass für bestimmte Arbeiten die Unternehmerinnen oder Unternehmer namhaft gemacht werden. Wechselt die Bauherrin oder der Bauherr, so hat die neue Bauherrin oder der neue Bauherr dies der Bauaufsichtsbehörde unverzüglich schriftlich mitzuteilen.

§ 57
Entwurfsverfasserin, Entwurfsverfasser

(1) Die Entwurfsverfasserin oder der Entwurfsverfasser muss nach Sachkunde und Erfahrung zur Vorbereitung des jeweiligen Bauvorhabens geeignet sein. Sie oder er ist für die Vollständigkeit und Brauchbarkeit ihres oder seines Entwurfs verantwortlich. Die Entwurfsverfasserin oder der Entwurfsverfasser hat dafür zu sorgen, dass die für die Ausführung notwendigen Einzelzeichnungen, Einzelberechnungen und Anweisungen geliefert werden und dem genehmigten Entwurf und den öffentlich-rechtlichen Vorschriften entsprechen.

(2) Besitzt die Entwurfsverfasserin oder der Entwurfsverfasser auf einzelnen Fachgebieten nicht die erforderliche Sachkunde und Erfahrung, so hat sie oder er dafür zu sorgen, dass geeignete Fachplanerinnen oder Fachplaner herangezogen werden. Diese sind für die von ihnen gelieferten Unterlagen verantwortlich. Für das ordnungsgemäße Ineinandergreifen aller Fachentwürfe bleibt die Entwurfsverfasserin oder der Entwurfsverfasser verantwortlich.

(3) Brandschutzkonzepte für bauliche Anlagen werden von staatlich anerkannten Sachverständigen nach § 86 Absatz 2 Satz 1 Nummer 4 für die Prüfung des Brandschutzes, von öffentlich bestellten und vereidigten Sachverständigen für vorbeugenden Brandschutz nach § 36 der Gewerbeordnung in der Fassung der Bekanntmachung vom 22. Februar 1999 (BGBl. I S. 202), die durch Artikel 10 des Gesetzes vom 11. März 2016 (BGBl. I S. 396) geändert worden ist, oder von Personen aufgestellt, die im Einzelfall für die Aufgabe nach Sachkunde und Erfahrung vergleichbar geeignet sind.

§ 58
Unternehmerin, Unternehmer

(1) Jede Unternehmerin oder jeder Unternehmer ist für die ordnungsgemäße, den allgemein anerkannten Regeln der Technik und den Bauvorlagen entsprechende Ausführung der von ihr oder ihm übernommenen Arbeiten und insoweit für die ordnungsgemäße Einrichtung und den sicheren bautechnischen Betrieb der Baustelle sowie für die Einhaltung der Arbeitsschutzbestimmungen verantwortlich. Sie oder er hat die erforderlichen Nachweise und Unterlagen über die Verwendbarkeit der verwendeten Bauprodukte und Bauarten zu erbringen und auf der Baustelle bereitzuhalten. Sie oder er darf, unbeschadet der Vorschriften des § 77, Arbeiten nicht ausführen oder ausführen lassen, bevor nicht die dafür notwendigen Unterlagen und Anweisungen an der Baustelle vorliegen.

(2) Die Unternehmerin oder der Unternehmer hat auf Verlangen der Bauaufsichtsbehörde für Bauarbeiten, bei denen die Sicherheit der baulichen Anlagen sowie anderer Anlagen und Einrichtungen in außergewöhnlichem Maße von der besonderen Sachkenntnis und Erfahrung der Unternehmerin oder des Unternehmers oder von einer Ausstattung des Unternehmens mit besonderen Vorrichtungen abhängt, nachzuweisen, dass sie oder er für diese Bauarbeiten geeignet ist und über die erforderlichen Vorrichtungen verfügt.

(3) Besitzt eine Unternehmerin oder ein Unternehmer für einzelne Arbeiten nicht die erforderliche Sachkunde und Erfahrung, so hat sie oder er dafür zu sorgen, dass Fachunternehmerinnen oder Fachunternehmer oder Fachleute herangezogen werden. Diese sind für ihre Arbeiten verantwortlich. Für das ordnungsgemäße Ineinandergreifen ihrer oder seiner Arbeiten mit denen der Fachunternehmerinnen oder Fachunternehmer oder Fachleute ist die Unternehmerin oder der Unternehmer verantwortlich.

§ 59
Bauleiterin, Bauleiter

(1) Die Bauleiterin oder der Bauleiter hat darüber zu wachen, dass die Baumaßnahme dem öffentlichen Baurecht, insbesondere den allgemein anerkannten Regeln der Technik und den Bauvorlagen, entsprechend durchgeführt wird und die dafür erforderlichen Weisungen zu erteilen. Sie oder er hat im Rahmen dieser Aufgabe auf die sichere bautechnische Einrichtung und den sicheren bautechnischen Betrieb der Baustelle, insbesondere auf das gefahrlose Ineinandergreifen der Arbeiten der Unternehmerinnen oder der Unternehmer und auf die Einhaltung der Arbeitsschutzbestimmungen zu achten. Die Verantwortlichkeit der Unternehmerinnen oder Unternehmer bleibt unberührt.

(2) Die Bauleiterin oder der Bauleiter muss über die für ihre oder seine Aufgabe erforderliche Sachkunde und Erfahrung verfügen. Verfügt sie oder er auf einzelnen Teilgebieten nicht über die erforderliche Sachkunde und Erfahrung, so hat sie oder er dafür zu sorgen, dass

Fachbauleiterinnen oder Fachbauleiter herangezogen werden. Diese treten insoweit an die Stelle der Bauleiterin oder des Bauleiters. Die Bauleiterin oder der Bauleiter hat die Tätigkeit der Fachbauleiterinnen oder Fachbauleiter und ihre oder seine Tätigkeit aufeinander abzustimmen.

Teil 5
Bauaufsichtsbehörden und Verwaltungsverfahren

Abschnitt 1
Bauaufsichtsbehörden

§ 60
Aufbau und Zuständigkeit der Bauaufsichtsbehörden

(1) Bauaufsichtsbehörden sind:

1. Oberste Bauaufsichtsbehörde: das für die Bauaufsicht zuständige Ministerium,
2. Obere Bauaufsichtsbehörde: die Bezirksregierungen für die kreisfreien Städte und Kreise sowie in den Fällen des § 81, im Übrigen die Landräte als untere staatliche Verwaltungsbehörden und

3. Untere Bauaufsichtsbehörden:
a) die kreisfreien Städte, die Großen kreisangehörigen Städte und die Mittleren kreisangehörigen Städte sowie
b) die Kreise für die übrigen kreisangehörigen Gemeinden

als Ordnungsbehörden.

(2) Die den Bauaufsichtsbehörden obliegenden Aufgaben gelten als solche der Gefahrenabwehr. § 88 bleibt unberührt.

(3) Die Bauaufsichtsbehörden sind zur Durchführung ihrer Aufgaben ausreichend mit Personen zu besetzen, die auf Grund eines Hochschulabschlusses der Fachrichtungen Architektur oder Bauingenieurwesen die Berufsbezeichnung „Ingenieurin" oder „Ingenieur" führen dürfen und

die insbesondere die erforderlichen Kenntnisse des öffentlichen Baurechts, der Bautechnik und der Baugestaltung haben.

§ 61
Aufgaben und Befugnisse der Bauaufsichtsbehörden

(1) Die Bauaufsichtsbehörden haben bei der Errichtung, der Änderung, dem Abbruch, der Nutzung, der Nutzungsänderung sowie der Instandhaltung baulicher Anlagen sowie anderer Anlagen und Einrichtungen im Sinne des § 1 Absatz 1 Satz 2 darüber zu wachen, dass die öffentlich-rechtlichen Vorschriften und die auf Grund dieser Vorschriften erlassenen Anordnungen eingehalten werden. Sie haben in Wahrnehmung dieser Aufgaben nach pflichtgemäßem Ermessen die erforderlichen Maßnahmen zu treffen. Die gesetzlich geregelten Zuständigkeiten und Befugnisse anderer Behörden bleiben unberührt.

(2) Die Bauaufsichtsbehörden können bei der Errichtung oder Änderung baulicher Anlagen verlangen, dass die Geländeoberfläche erhalten oder verändert wird, um eine Störung des Straßen-, Orts- oder Landschaftsbildes zu vermeiden oder zu beseitigen oder um die Geländeoberfläche der Höhe der Verkehrsflächen oder der Nachbargrundstücke anzugleichen.

(3) Auch nach Erteilung einer Baugenehmigung nach § 77 oder einer Zustimmung nach § 81 können Anforderungen gestellt werden, um dabei nicht voraussehbare Gefahren oder unzumutbare Belästigungen von der Allgemeinheit oder denjenigen, die die bauliche Anlage benutzen, abzuwenden. Satz 1 gilt entsprechend, wenn bauliche Anlagen oder andere Anlagen oder Einrichtungen im Sinne von § 1 Absatz 1 Satz 2 ohne Genehmigung oder Zustimmung errichtet werden dürfen.

(4) Die Bauaufsichtsbehörden können zur Erfüllung ihrer Aufgaben Sachverständige und sachverständige Stellen, insbesondere für die Prüfung von Brandschutzkonzepten staatlich anerkannte Sachverständige, heranziehen.

(5) Sind Bauprodukte entgegen § 24 Absatz 4 mit dem Ü-Zeichen gekennzeichnet, so kann die Bauaufsichtsbehörde die Verwendung dieser Bauprodukte untersagen und deren Kennzeichnung entwerten oder beseitigen lassen.

(6) Die Einstellung der Bauarbeiten kann angeordnet werden, wenn Bauprodukte verwendet werden,

1. die entgegen der Verordnung (EU) Nr. 305/2011 keine CE-Kennzeichnung oder entgegen § 24 Absatz 4 kein Ü-Zeichen tragen und
2. die unberechtigt mit der CE-Kennzeichnung nach der Verordnung (EU) Nr. 305/2011 oder dem Ü-Zeichen (§ 24 Absatz 4) gekennzeichnet sind.

(7) Die Bauaufsichtsbehörden sollen die Beseitigung einer baulichen Anlage fordern, wenn diese

1. ohne Baugenehmigung errichtet wurde,
2. keinen Bestandsschutz genießt und
3. auch mit geänderter Nutzung nicht genehmigt werden kann.

Die Bauaufsichtsbehörden können den Fortbestand einer derartigen Anlage insbesondere dulden, wenn diese

1. vor 1960 errichtet wurde,
2. seitdem nicht geändert oder in ihrer Nutzung geändert wurde,
3. die Bauaufsichtsbehörden seit mindestens 10 Jahren Kenntnis von der Rechtswidrigkeit der baulichen Anlage haben und
4. von der baulichen Anlage keine Gefahr für Leben oder Gesundheit ausgeht.
Die Duldung erfolgt mit der Maßgabe, dass die bauliche Anlage und ihre Nutzung nicht geändert werden dürfen. Maßnahmen zur Instandhaltung und zur Energieeinsparung sind im Rahmen des vorhandenen Baukörpers zulässig.

(8) Die mit dem Vollzug dieses Gesetzes beauftragten Personen sind berechtigt, in Ausübung ihres Amtes Grundstücke und bauliche Anlagen einschließlich der Wohnungen zu betreten. Das Grundrecht der Unverletzlichkeit der Wohnung (Artikel 13 des Grundgesetzes) wird insoweit eingeschränkt.

Abschnitt 2
Genehmigungspflicht, Genehmigungsfreiheit

§ 62
Grundsatz

(1) Die Errichtung, die Änderung, die Nutzungsänderung und der Abbruch baulicher Anlagen sowie anderer Anlagen und Einrichtungen im Sinne des § 1 Absatz 1 Satz 2 bedürfen einer Baugenehmigung, soweit in den §§ 64, 65, 80 und 81 nichts anderes bestimmt ist.

(2) Die Genehmigungsfreiheit nach den §§ 64, 65 und 80 sowie die Beschränkung der bauaufsichtlichen Prüfung nach § 67 entbinden nicht von der Verpflichtung zur Einhaltung der Anforderungen, die durch öffentlich-rechtliche Vorschriften an Anlagen gestellt werden, und lassen die bauaufsichtlichen Eingriffsbefugnisse unberührt.

§ 63
Vorrang anderer Gestattungsverfahren

(1) Folgende Gestattungen schließen eine Genehmigung nach § 62 Absatz 1 sowie eine Zustimmung nach § 81 ein:

1. die Genehmigung nach § 4 und § 16 Absatz 1 des Bundes-Immissionsschutzgesetzes in der Fassung der Bekanntmachung vom 17. Mai 2013 (BGBl. I S. 1274), das zuletzt durch Artikel 76 der Verordnung vom 31. August 2015 (BGBl. I S. 1474) geändert worden ist, auch wenn sie im vereinfachten Verfahren nach § 19 des Bundes-Immissionsschutzgesetzes erteilt wird,
2. die Anlagengenehmigung nach § 8 des Gentechnikgesetzes in der Fassung der Bekanntmachung vom 16. Dezember 1993 (BGBl. I S. 2066), das zuletzt durch Artikel 55 der Verordnung vom 31. August 2015 (BGBl. I S. 1474) geändert worden ist,
3 die Genehmigung nach § 35 Absatz 3 des Kreislaufwirtschaftsgesetzes vom 24. Februar 2012 (BGBl. I S. 212), das zuletzt durch Artikel 4 des Gesetzes vom 4. April 2016 (BGBl. I S. 569) geändert worden ist und
4. die Verbindlichkeitserklärung eines Sanierungsplanes nach § 13 Absatz 6 des Bundes-Bodenschutzgesetzes vom 17. März 1998 (BGBl. I S. 502), das zuletzt durch Artikel 101 der Verordnung vom 31. August 2015 (BGBl. I S. 1474) geändert worden ist, oder nach § 15 Absatz 3 des Landesbodenschutzgesetzes vom 9. Mai 2000 (**GV. NRW. S. 439**), das zuletzt durch Artikel 12 des Gesetzes vom 21. März 2013 (**GV. NRW. S. 148**) geändert worden ist.

(2) Die Vorschriften über gesetzlich geregelte Planfeststellungsverfahren bleiben unberührt.

(3) Handelt es sich bei dem genehmigungsbedürftigen Vorhaben um ein solches, das nach dem Gesetz über die Umweltverträglichkeitsprüfung in der Fassung der Bekanntmachung vom 24. Februar 2010 (BGBl. I S. 94), das zuletzt durch Artikel 2 des Gesetzes vom 21. Dezember 2015 (BGBl. I S. 2490) geändert worden ist, oder nach dem Gesetz über die Umweltverträglichkeitsprüfung im Lande Nordrhein-Westfalen, veröffentlicht durch Artikel 1 des Gesetzes zur Umsetzung der Richtlinie des Rates vom 27. Juni 1985 über die Umweltverträglichkeitsprüfung bei bestimmten öffentlichen und privaten Projekten (85/337/EWG) im Lande NRW vom 29. April 1992 (GV. NRW. S. 175), das zuletzt durch Artikel 4 des Gesetzes vom 16. März 2010 (**GV. NRW. S. 185**) geändert worden ist, einer Umweltverträglichkeitsprüfung bedarf, so muss das Genehmigungsverfahren den Anforderungen des Gesetzes über die Umweltverträglichkeitsprüfung im Lande Nordrhein-Westfalen entsprechen.

§ 64
Genehmigungsfreie Vorhaben

(1) Die Errichtung oder Änderung folgender baulicher Anlagen sowie anderer Anlagen und Einrichtungen im Sinne des § 1 Absatz 1 Satz 2 bedarf keiner Baugenehmigung:

1. Gebäude bis zu 30 m³ Brutto–Rauminhalt ohne Aufenthaltsräume, Ställe, Toiletten oder Feuerstätten, im Außenbereich nur, wenn sie einem land- oder forstwirtschaftlichen Betrieb dienen (§ 35 Absatz 1 Nummer 1 des Baugesetzbuches in der Fassung der Bekanntmachung vom 23. September 2004 (BGBl. I S. 2414), das zuletzt durch Artikel 6 des Gesetzes vom 20. Oktober 2015 (BGBl. I S. 1722) geändert worden ist); dies gilt nicht für Garagen und Verkaufs- und Ausstellungsstände,

2. Gartenlauben in Kleingartenanlagen nach dem Bundeskleingartengesetz vom 28. Februar 1983 (BGBl. I S. 210), das zuletzt durch Artikel 11 des Gesetzes vom 19. September 2006 (BGBl. I S. 2146) geändert worden ist,

3. Wochenendhäuser auf genehmigten Wochenendplätzen,

4. Gebäude bis zu 4 m Firsthöhe, die nur zum vorübergehenden Schutz von Pflanzen und Tieren bestimmt sind und die einem land- oder forstwirtschaftlichen Betrieb dienen,

5. Gewächshäuser ohne Verkaufsstätten mit einer Firsthöhe bis zu 5 m und nicht mehr als 1 600 m² Grundfläche, die einem land- oder forstwirtschaftlichen Betrieb oder einem Betrieb der gartenbaulichen Erzeugung im Sinne des § 35 Absatz 1 Nummern 1 und 2 und des § 201 des Baugesetzbuches dienen,

6. Fahrgastunterstände des öffentlichen Personenverkehrs oder der Schülerbeförderung,

7. Schutzhütten für Wanderer,

8. Anlagen an und in oberirdischen Gewässern einschließlich der Lande- und Umschlagstellen und der Rückhaltebecken, Anlagen der Gewässerbenutzung wie Anlagen zur Entnahme von Wasser, Anlagen zur Einleitung von Abwasser, Stauanlagen, Anlagen der Gewässerunterhaltung und des Gewässerausbaues, Deiche, Dämme und Stützmauern, mit Ausnahme von Gebäuden, Aufbauten und Überbrückungen,

9. nichttragende oder nichtaussteifende Bauteile innerhalb baulicher Anlagen; dies gilt nicht für Wände, Decken und Türen von notwendigen Fluren als Rettungswege,

10. Verkleidungen von Balkonbrüstungen,

11. Terrassenüberdachungen mit einer Fläche bis zu 30 m² und einer Tiefe bis zu 3 m,

12. Lüftungsanlagen, raumlufttechnische Anlagen, Warmluftheizungen, Installationsschächte und Installationskanäle, die keine Gebäudetrennwände und, außer in Gebäuden der Gebäudeklassen 1, 2 und 3, keine Geschosse überbrücken; § 65 Satz 1 Nummer 7 bleibt unberührt,

13. bauliche Anlagen, die der Telekommunikation, der allgemeinen Versorgung mit Elektrizität, Gas, Öl, Wärme und Wasser dienen, wie Transformatoren-, Schalt-, Regler- oder Pumpstationen, bis 20 m² Grundfläche und 5 m Höhe,

14. Energieleitungen einschließlich ihrer Masten und Unterstützungen,

15. Behälter und Flachsilos bis zu 50 m³ Fassungsvermögen und bis zu 3 m Höhe außer ortsfesten Behältern für brennbare oder schädliche Flüssigkeiten oder für verflüssigte oder nicht verflüssigte Gase und offenen Behältern für Jauche und Flüssigmist,

16. Abwasserbehandlungsanlagen mit Ausnahme von Gebäuden,

17. Aufzüge, mit Ausnahme solcher in Sonderbauten (§ 53),

18. Anlagen, die einer Genehmigung nach § 7 des Atomgesetzes in der Fassung der Bekanntmachung vom 15. Juli 1985 (BGBl. I S. 1565), das zuletzt durch Artikel 1 des Gesetzes vom 20. November 2015 (BGBl. I S. 2053) geändert worden ist, bedürfen,
19. Füllanlagen für Kraftfahrzeuge an Tankstellen,
20. Einfriedungen bis zu 2 m, an öffentlichen Verkehrsflächen bis zu 1 m Höhe über der Geländeoberfläche, im Außenbereich nur bei Grundstücken, die bebaut sind oder deren Bebauung genehmigt ist,
21. offene Einfriedungen für landwirtschaftlich (§ 201 des Baugesetzbuches) oder forstwirtschaftlich genutzte Grundstücke im Außenbereich,
22. Brücken und Durchlässe bis zu 5 m Lichtweite,
23. Stützmauern bis zu 2 m Höhe über der Geländeoberfläche,
24. Unterstützungen von Seilbahnen,
25. Parabolantennen mit Reflektorschalen bis zu einem Durchmesser von 1,20 m und bis zu einer Höhe von 10 m, sonstige Antennen und Sendeanlagen einschließlich der Masten mit einer Höhe bis zu 10 m, zugehörige nach der Nummer 13 zulässige Versorgungseinheiten, der Austausch einzelner Antennen an bestehenden Masten und die Änderung der Nutzung oder der äußeren Gestalt der baulichen Anlage, wenn die Antenne, Sendeanlage oder die Versorgungseinheit in, auf oder an einer bestehenden baulichen Anlage errichtet werden,
26. ortsveränderliche Antennenträger, die nur vorübergehend aufgestellt werden,
27. Blitzschutzanlagen,
28. Signalhochbauten der Landesvermessung,
29. Fahnenmasten,
30. Flutlichtanlagen bis zu 10 m Höhe über der Geländeoberfläche,
31. nicht überdachte Stellplätze für Personenkraftwagen und Motorräder bis zu insgesamt 100 m²,
32. überdachte und nicht überdachte Fahrradabstellplätze bis zu insgesamt 100 m²,
33. Ausstellungsplätze, Abstellplätze und Lagerplätze bis zu 300 m² Fläche, außer in Wohngebieten und im Außenbereich,
34. unbefestigte Lagerplätze, die einem land- oder forstwirtschaftlichen Betrieb dienen, für die Lagerung land- oder forstwirtschaftlicher Produkte,
35. bauliche Anlagen, die der Gartengestaltung oder der zweckentsprechenden Einrichtung von Gärten dienen, wie Bänke, Sitzgruppen, Pergolen,
36. bauliche Anlagen, die der zweckentsprechenden Einrichtung von Sport- und Spielflächen dienen, wie Tore für Ballspiele, Schaukeln und Klettergerüste, ausgenommen Tribünen,
37. Wasserbecken bis zu 100 m³ Fassungsvermögen einschließlich dazugehöriger luftgetragener Schwimmbeckenüberdachungen, außer im Außenbereich,
38. Landungsstege,
39. Rutschbahnen, Sprungschanzen und Sprungtürme bis zu 10 m Höhe,
40. Werbeanlagen und Hinweiszeichen nach § 10 Absatz 3 Nummer 3 bis zu einer Größe von 1 m²,
41. Werbeanlagen an der Stätte der Leistung in Gewerbe-, Industrie- und vergleichbaren Sondergebieten und auf Flugplätzen, Sportanlagen, an und in abgegrenzten

Versammlungsstätten, sowie auf Ausstellungs- und Messegeländen, soweit sie nicht in die freie Landschaft wirken,

42. Werbeanlagen für zeitlich begrenzte Veranstaltungen, insbesondere für Ausverkäufe und Schlussverkäufe an der Stätte der Leistung,

43. Werbeanlagen, die an der Stätte der Leistung vorübergehend angebracht oder aufgestellt sind, soweit sie nicht fest mit dem Boden oder anderen baulichen Anlagen verbunden sind,

44. Warenautomaten,

45. Gerüste und Hilfseinrichtungen zur statischen Sicherung von Bauzuständen,

46. Baustelleneinrichtungen einschließlich der Lagerhallen, Schutzhallen und Unterkünfte,

47. Behelfsbauten, die der Landesverteidigung, dem Katastrophenschutz oder der Unfallhilfe für kurze Zeit dienen,

48. bauliche Anlagen, die zu Straßenfesten, Märkten und ähnlichen Veranstaltungen nur für kurze Zeit aufgestellt werden und die keine Fliegenden Bauten sind,

49. bauliche Anlagen, die für höchstens drei Monate auf genehmigtem Messe- und Ausstellungsgelände errichtet werden, ausgenommen Fliegende Bauten,

50. Zugänge und Zufahrten, ausgenommen solche nach § 5,

51. selbständige Aufschüttungen oder Abgrabungen bis zu 2 m Höhe oder Tiefe, im Außenbereich nur, wenn die Aufschüttungen und Abgrabungen nicht mehr als 400 m² Fläche haben,

52. Regale mit einer Lagerhöhe (Oberkante Lagergut) von bis zu 7,50 m Höhe,

53. Anlagen zur Nutzung erneuerbarer Energien:
a) Solaranlagen in, an und auf Dach- und Außenwandflächen oder als untergeordnete Nebenanlagen,
b) Kleinwindanlagen bis zu 10 m Anlagengesamthöhe, außer in reinen, allgemeinen und besonderen Wohngebieten sowie Mischgebieten,

54. Denkmale, Skulpturen und Brunnenanlagen sowie Grabdenkmale und Grabsteine auf Friedhöfen,

55. Brunnen,

56. Fahrzeugwaagen,

57. Hochsitze und

58. unbedeutende bauliche Anlagen und Einrichtungen, soweit sie nicht durch die Nummern 1 bis 57 erfasst sind, wie Überdachungen von Hauseingängen oder Kellertreppen mit einer Größe von bis zu 3 m², Teppichstangen, Markisen, nicht überdachte Terrassen sowie Kleintierställe bis zu 5 m³.

(2) Keiner Baugenehmigung bedürfen ferner:

1. eine geringfügige, die Standsicherheit nicht berührende Änderung tragender oder aussteifender Bauteile innerhalb von Gebäuden; die nicht geringfügige Änderung dieser Bauteile, wenn eine Sachkundige oder ein Sachkundiger der Bauherrin oder dem Bauherrn die Ungefährlichkeit der Maßnahme schriftlich bescheinigt,

2. die Änderung der äußeren Gestaltung durch Anstrich, Verputz, Verfugung, Dacheindeckung, durch Einbau oder Austausch von Fenstern und Türen, Austausch von Umwehrungen sowie durch Bekleidungen und Verblendungen; dies gilt nicht in Gebieten, für die eine örtliche Bauvorschrift nach § 88 Absatz 1 Nummer 1 oder 2 besteht,

3. die mit Solaranlagen in, an und auf Dach- und Außenwandflächen verbundene Änderung der Nutzung oder der äußeren Gestalt des Gebäudes,

4. die mit Kleinwindanlagen bis zu 10 m Anlagengesamthöhe verbundene Änderung der Nutzung oder der äußeren Gestalt des Gebäudes, außer in reinen, allgemeinen und besonderen Wohngebieten sowie Mischgebieten,

5. Nutzungsänderungen, wenn die Errichtung oder Änderung der Anlage für die neue Nutzung genehmigungsfrei wäre,

6. das Auswechseln von gleichartigen Teilen haustechnischer Anlagen, wie Abwasseranlagen, Lüftungsanlagen und Feuerungsanlagen,

7. das Auswechseln von Belägen auf Sport- und Spielflächen und

8. die Instandhaltung von baulichen Anlagen sowie anderen Anlagen und Einrichtungen.

(3) Der Abbruch oder die Beseitigung von baulichen Anlagen sowie anderen Anlagen und Einrichtungen nach Absatz 1 bedarf keiner Baugenehmigung. Dies gilt auch für den Abbruch oder die Beseitigung von

1. genehmigungsfreien Anlagen nach § 65,
2. Gebäuden bis zu 300 m³ umbauten Raum,
3. ortsfesten Behältern,
4. luftgetragenen Überdachungen,
5. Mauern und Einfriedungen,
6. Schwimmbecken,
7. Regalen,
8. Stellplätzen für Kraftfahrzeuge,
9. Lager- und Abstellplätzen,
10. Fahrradabstellplätzen,
11. Camping- und Wochenendplätzen und
12. Werbeanlagen.

§ 65
Genehmigungsfreie Anlagen

Die Errichtung oder Änderung folgender Anlagen bedarf keiner Genehmigung:

1. Anlagen zur Verteilung von Wärme bei Wasserheizungsanlagen einschließlich der Wärmeerzeuger,

2. Feuerungsanlagen,

a) in Serie hergestellte Blockheizkraftwerke und
b) in Serie hergestellte Brennstoffzellen,

3. Wärmepumpen,
4. ortsfeste Behälter für brennbare oder schädliche Flüssigkeiten bis zu 50 m³ Fassungsvermögen, für Flüssiggas bis unter 3 t, für sonstige verflüssigte oder nicht verflüssigte Gase bis zu 5 m³ Fassungsvermögen,
5. Wasserversorgungsanlagen einschließlich der Warmwasserversorgungsanlagen und ihre Wärmeerzeuger,
6. Abwasseranlagen, soweit sie nicht als Abwasserbehandlungsanlagen von der Genehmigungspflicht freigestellt sind (§ 64 Absatz 1 Nummer 16) und
7. Lüftungsanlagen, raumlufttechnische Anlagen und Warmluftheizungen in Wohnungen oder ähnlichen Nutzungseinheiten.

Die Bauherrin oder der Bauherr hat sich vor der Benutzung der Anlagen von der Unternehmerin oder dem Unternehmer oder einer oder einem Sachverständigen bescheinigen zu lassen, dass die Anlagen den öffentlich-rechtlichen Vorschriften entsprechen. Soweit eine Bescheinigung nach § 43 Absatz 5 von bevollmächtigten Bezirksschornsteinfegermeisterinnen oder bevollmächtigten Bezirksschornsteinfegermeistern über die Eignung der Abgasanlagen für die angeschlossenen Feuerstätten erforderlich ist, muss hierüber keine erneute Bescheinigung nach Satz 2 ausgestellt werden. Die Eigentümerinnen und Eigentümer der genehmigungsfreien Anlagen haben die Bescheinigungen aufzubewahren und an etwaige Rechtsnachfolgerinnen und Rechtsnachfolger zu übergeben.

Abschnitt 3
Verwaltungsverfahren

§ 66
Genehmigungsverfahren

Bei großen Sonderbauten (§ 53 Absatz 3) prüft die Bauaufsichtsbehörde die Übereinstimmung

1. mit den Vorschriften über die Zulässigkeit der baulichen Anlagen nach den §§ 29 bis 38 des Baugesetzbuches,
2. mit den Anforderungen nach den Vorschriften dieses Gesetzes und auf Grund dieses Gesetzes und
3. mit anderen öffentlich-rechtlichen Vorschriften, deren Einhaltung nicht in einem anderen Genehmigungs-, Erlaubnis- oder sonstigen Zulassungsverfahren geprüft wird.

Die Anforderungen des baulichen Arbeitsschutzes werden nicht geprüft.

§ 67
Einfaches Genehmigungsverfahren

(1) Bei der Errichtung und Änderung von baulichen Anlagen sowie anderen Anlagen und Einrichtungen im Sinne des § 1 Absatz 1 Satz 2, die keine großen Sonderbauten sind, prüft die Bauaufsichtsbehörde nur die Vereinbarkeit des Vorhabens mit

1. den Vorschriften der §§ 29 bis 38 des Baugesetzbuches,
2. den §§ 4, 6, 8 Absatz 2, §§ 9, 10, 48 Absatz 2, 5 und 6 und den §§ 50 und 54, bei Sonderbauten auch mit den Brandschutzvorschriften,
3. den örtlichen Bauvorschriften nach § 88 und
4. anderen öffentlich-rechtlichen Vorschriften, deren Einhaltung nicht in einem anderen Genehmigungs-, Erlaubnis- oder sonstigen Zulassungsverfahren geprüft wird.

Die Anforderungen des baulichen Arbeitsschutzes werden nicht geprüft. Das einfache Genehmigungsverfahren wird auch durchgeführt, wenn durch eine Nutzungsänderung eine bauliche Anlage entsteht, die kein großer Sonderbau ist.

(2) Über Abweichungen (§ 74) von den nach Absatz 1 Satz 1 nicht zu prüfenden Vorschriften entscheidet die Bauaufsichtsbehörde auf besonderen Antrag.

(3) Die Bauaufsichtsbehörde hat über den Bauantrag innerhalb einer Frist von sechs Wochen nach Eingang des vollständigen Antrags bei ihr zu entscheiden, wenn

1. das Vorhaben im Geltungsbereich eines Bebauungsplanes im Sinne des § 30 Absatz 1 oder § 30 Absatz 2 des Baugesetzbuches liegt oder
2. für das Bauvorhaben ein Vorbescheid (§ 71) erteilt worden ist, in dem über die Zulässigkeit des Vorhabens auf dem Grundstück, die Bebaubarkeit des Grundstücks, die Zugänge auf dem Grundstück sowie über die Abstandflächen entschieden wurde.

Die Bauaufsichtsbehörde kann die Frist aus wichtigen Gründen bis zu sechs Wochen verlängern. Als wichtige Gründe gelten insbesondere die notwendige Beteiligung anderer Behörden oder die notwendige Entscheidung über eine Befreiung nach § 31 Absatz 2 des Baugesetzbuches oder eine Abweichung nach § 74 dieses Gesetzes.

§ 68
Bautechnische Nachweise und Bescheinigungen staatlich anerkannter Sachverständiger

(1) Spätestens mit der Anzeige des Baubeginns sind bei der Bauaufsichtsbehörde zusammen mit den in Bezug genommenen bautechnischen Nachweisen einzureichen

1. Bescheinigungen einer oder eines staatlich anerkannten Sachverständigen nach § 86 Absatz 2 Satz 1 Nummer 4, dass Nachweise über den Schallschutz und den Wärmeschutz aufgestellt oder geprüft wurden,
2. Bescheinigungen eines oder einer staatlich anerkannten Sachverständigen nach § 86 Absatz 2 Satz 1 Nummer 4 über die Prüfung des Standsicherheitsnachweises und
3. die Bescheinigung einer oder eines staatlich anerkannten Sachverständigen nach § 86 Absatz 2 Satz 1 Nummer 4, dass das Vorhaben den Anforderungen an den Brandschutz entspricht; dies gilt nicht für Wohngebäude der Gebäudeklassen 1 bis 3 und Sonderbauten mit Ausnahme von Garagen mit einer Nutzfläche über 100 m² bis 1 000 m².

Gleichzeitig sind der Bauaufsichtsbehörde schriftliche Erklärungen staatlich anerkannter Sachverständiger vorzulegen, wonach sie zur stichprobenhaften Kontrolle der Bauausführung beauftragt wurden. Soll bei der Errichtung geschlossener Garagen mit einer Nutzfläche über 100 m² bis 1 000 m² eine natürliche Lüftung vorgesehen werden, so muss zuvor von einer oder einem staatlich anerkannten Sachverständigen die Unbedenklichkeit bescheinigt worden sein. Die Bescheinigung ist auf Grund durchgeführter Messungen innerhalb eines Monats nach Inbetriebnahme der Garage von der oder dem Sachverständigen zu bestätigen. Auf Antrag der Bauherrin oder des Bauherrn kann die Bauaufsichtsbehörde die bautechnischen Nachweise prüfen. Dies gilt auch für die Anforderungen an den baulichen Brandschutz, soweit hierüber Sachverständigenbescheinigungen vorzulegen sind.

(2) Die bautechnischen Nachweise müssen für

1. freistehende landwirtschaftliche Betriebsgebäude, auch mit Wohnteil, bis zu zwei Geschossen über der Geländeoberfläche, ausgenommen solche mit Anlagen für Jauche und Flüssigmist und
2. eingeschossige Gebäude mit einer Grundfläche bis 200 m²

nicht von staatlich anerkannten Sachverständigen nach § 86 Absatz 2 Satz 1 Nummer 4 aufgestellt oder geprüft werden.

(3) Für die folgenden Vorhaben müssen die Unterlagen nach Absatz 1 nicht vorgelegt werden:

1. Gewächshäuser mit einer Firsthöhe bis zu 5 m und nicht mehr als 1 600 m² Grundfläche,
2. Garagen und überdachte Stellplätze mit einer Nutzfläche bis 100 m²,

3. untergeordnete Gebäude (§ 52),
4. Wasserbecken bis zu 100 m³, einschließlich ihrer Überdachungen,
5. Verkaufs- und Ausstellungsstände,
6. Einfriedungen,
7. Aufschüttungen und Abgrabungen und
8. Werbeanlagen.

§ 69
Bauantrag, Bauvorlagen

(1) Der Bauantrag ist schriftlich mit allen für seine Bearbeitung sowie für die Beurteilung des Bauvorhabens erforderlichen Unterlagen (Bauvorlagen) in ausreichender Anzahl bei der Bauaufsichtsbehörde einzureichen. Es kann gestattet werden, dass einzelne Bauvorlagen nachgereicht werden. Bei Wohngebäuden der Gebäudeklassen 1 bis 3 ist den Bauvorlagen eine Erklärung der Entwurfsverfasserin oder des Entwurfsverfassers beizufügen, dass das Vorhaben den Anforderungen an den Brandschutz entspricht. Mit den Bauvorlagen für große Sonderbauten gemäß § 53 Absatz 3 ist ein Brandschutzkonzept einzureichen.

(2) Die Bauherrin oder der Bauherr und die Entwurfsverfasserin oder der Entwurfsverfasser haben den Bauantrag, die Entwurfsverfasserin oder der Entwurfsverfasser die Bauvorlagen zu unterschreiben. Die von den Fachplanerinnen oder Fachplanern nach § 57 Absatz 2 bearbeiteten Unterlagen müssen auch von diesen unterschrieben sein. Für Bauvorhaben auf fremden Grundstücken kann die Zustimmung der Grundstückseigentümerin oder des Grundstückseigentümers zu dem Bauvorhaben gefordert werden.

(3) Treten bei einem Bauvorhaben mehrere Personen als Bauherrinnen oder Bauherren auf, ist gegenüber der Bauaufsichtsbehörde eine Vertreterin oder ein Vertreter zu bestellen, die oder der die der Bauherrin oder dem Bauherrn nach den öffentlich-rechtlichen Vorschriften obliegenden Verpflichtungen zu erfüllen hat.

§ 70
Bauvorlageberechtigung

(1) Bauvorlagen für die Errichtung und Änderung von Gebäuden müssen von einer bauvorlageberechtigten Entwurfsverfasserin oder einem bauvorlageberechtigten Entwurfsverfasser durch Unterschrift anerkannt sein (§ 69 Absatz 2 Satz 1). § 57 Absatz 1 bleibt unberührt.

(2) Absatz 1 gilt nicht für Bauvorlagen für

1. Garagen und überdachte Stellplätze bis zu 100 m² Nutzfläche sowie überdachte Fahrradabstellplätze,
2. Behelfsbauten und untergeordnete Gebäude (§ 52),
3. eingeschossige Wintergärten mit einer Grundfläche von bis zu 25 m²,
4. eingeschossige Gebäude mit einer Grundfläche von bis zu 250 m², in denen sich keine Aufenthaltsräume, Ställe, Aborte oder Feuerstätten befinden,
5. Dachgauben, wenn ihre Breite insgesamt höchstens ein Drittel der Breite der darunter liegenden Außenwand beträgt,
6. Terrassenüberdachungen,
7. Balkone und Altane, die bis zu 1,50 m vor die Außenwand vortreten und
8. Aufzugschächte, die an den Außenwänden von Wohngebäuden der Gebäudeklassen 1 und 2 errichtet werden.

(3) Bauvorlageberechtigt ist, wer

1. die Berufsbezeichnung „Architektin" oder „Architekt" führen darf,
2. als Mitglied einer Ingenieurkammer in die von der Ingenieurkammer-Bau Nordrhein-Westfalen geführte Liste der Bauvorlageberechtigten eingetragen ist; Eintragungen anderer Länder gelten auch im Land Nordrhein-Westfalen, soweit diese an die Mitgliedschaft in einer Ingenieurkammer geknüpft sind,
3. auf Grund des Baukammerngesetzes vom 16. Dezember 2003 (**GV. NRW. S. 786**), das zuletzt durch Gesetz vom 9. Dezember 2014 (**GV. NRW. S. 876**) geändert worden ist, die Berufsbezeichnung „Innenarchitektin" oder „Innenarchitekt" führen darf, durch eine ergänzende Hochschulprüfung ihre oder seine Befähigung nachgewiesen hat, Gebäude gestaltend zu planen, und mindestens zwei Jahre in der Planung und Überwachung der Ausführung von Gebäuden praktisch tätig war,
4. auf Grund des Baukammerngesetzes die Berufsbezeichnung „Innenarchitektin" oder „Innenarchitekt" führen darf, für die mit der Berufsaufgabe der Innenarchitektinnen und Innenarchitekten verbundene bauliche Änderung von Gebäuden,
5. auf Grund des Ingenieurgesetzes vom 5. Mai 1970 (GV. NRW. S. 312), das zuletzt durch Artikel 2 des Gesetzes vom 28. Mai 2013 (**GV. NRW. S. 272**) geändert worden ist, als Angehörige oder Angehöriger der Fachrichtung Architektur (Studiengang Innenarchitektur) die Berufsbezeichnung „Ingenieurin" oder „Ingenieur" führen darf, während eines Zeitraums von zwei Jahren vor dem 1. Januar 1990 wiederholt Bauvorlagen für die Errichtung oder Änderung von Gebäuden als Entwurfsverfasserin oder Entwurfsverfasser durch Unterschrift anerkannt hat und Mitglied der Architektenkammer Nordrhein-Westfalen oder der Ingenieurkammer-Bau Nordrhein-Westfalen ist oder
6. die Befähigung zum höheren oder gehobenen bautechnischen Verwaltungsdienst besitzt, für ihre oder seine dienstliche Tätigkeit.

(4) In die Liste der Bauvorlageberechtigten ist auf Antrag von der Ingenieurkammer-Bau Nordrhein-Westfalen einzutragen, wer einen berufsqualifizierenden Hochschulabschluss eines Studiums der Fachrichtung Bauingenieurwesen nachweist und danach mindestens zwei Jahre in

der Planung und Überwachung der Ausführung von Gebäuden praktisch tätig war. Dem Antrag sind die zur Beurteilung erforderlichen Unterlagen beizufügen. Die Ingenieurkammer-Bau Nordrhein-Westfalen stellt eine Empfangsbestätigung nach § 71b Absatz 3 und 4 des Verwaltungsverfahrensgesetzes für das Land Nordrhein-Westfalen aus. Hat die Anerkennungsbehörde nicht innerhalb einer Frist von drei Monaten entschieden, gilt die Anerkennung als erteilt. Es gilt § 42a des Verwaltungsverfahrensgesetzes für das Land Nordrhein-Westfalen mit der Maßgabe, dass die Fristverlängerung zwei Monate nicht übersteigen darf.

(5) Personen, die in einem anderen Mitgliedstaat der Europäischen Union oder einem nach dem Recht der Europäischen Gemeinschaften gleichgestellten Staat als Bauvorlageberechtigte niedergelassen sind, sind ohne Eintragung in die Liste nach Absatz 3 Nummer 2 und ohne Nachweis einer Kammermitgliedschaft bauvorlageberechtigt, wenn sie

1. eine vergleichbare Berechtigung besitzen und
2. dafür dem Absatz 4 Satz 1 vergleichbare Anforderungen erfüllen mussten.

Sie haben das erstmalige Tätigwerden als Bauvorlageberechtigte vorher der Ingenieurkammer-Bau Nordrhein-Westfalen anzuzeigen und dabei

1. eine Bescheinigung darüber, dass sie in einem Mitgliedstaat der Europäischen Union oder einem nach dem Recht der Europäischen Gemeinschaften gleichgestellten Staat rechtmäßig als Bauvorlageberechtigte niedergelassen sind und ihnen die Ausübung dieser Tätigkeiten zum Zeitpunkt der Vorlage der Bescheinigung nicht, auch nicht vorübergehend, untersagt ist und
2. einen Nachweis darüber, dass sie im Staat ihrer Niederlassung für die Tätigkeit als Bauvorlageberechtigte mindestens die Voraussetzungen des Absatzes 4 Satz 1 erfüllen mussten, vorzulegen. Sie sind in einem Verzeichnis zu führen.

Die Ingenieurkammer-Bau Nordrhein-Westfalen hat auf Antrag zu bestätigen, dass die Anzeige nach Satz 2 erfolgt ist. Sie kann das Tätigwerden als bauvorlageberechtigte Person untersagen und die Eintragung in dem Verzeichnis nach Satz 2 löschen, wenn die Voraussetzungen des Satzes 1 nicht erfüllt sind.

(6) Personen, die in einem anderen Mitgliedstaat der Europäischen Union oder einem nach dem Recht der Europäischen Gemeinschaften gleichgestellten Staat als Bauvorlageberechtigte niedergelassen sind, ohne im Sinne des Absatzes 5 Satz 1 Nummer 2 vergleichbar zu sein, sind bauvorlageberechtigt, wenn ihnen die Ingenieurkammer-Bau Nordrhein-Westfalen bescheinigt hat, dass sie die Anforderungen des Absatzes 4 Satz 1 erfüllen. Sie sind in einem Verzeichnis zu führen. Die Bescheinigung wird auf Antrag erteilt. Absatz 4 Satz 2 bis 5 ist entsprechend anzuwenden.

(7) Anzeigen und Bescheinigungen nach den Absätzen 5 und 6 sind nicht erforderlich, wenn bereits in einem anderen Land eine Anzeige erfolgt ist oder eine Bescheinigung erteilt wurde.

Eine weitere Eintragung in die von der Ingenieurkammer-Bau Nordrhein-Westfalen geführten Verzeichnisse erfolgt nicht. Verfahren nach den Absätzen 4 bis 6 können über eine einheitliche Stelle nach den Vorschriften des Verwaltungsverfahrensgesetzes für das Land Nordrhein-Westfalen abgewickelt werden.

(8) Juristische Personen des öffentlichen Rechts und Unternehmen dürfen Bauvorlagen als Entwurfsverfasser unterschreiben, wenn sie diese unter der Leitung einer bauvorlageberechtigten Person, die der juristischen Person oder dem Unternehmen angehören muss, aufstellen. Die bauvorlageberechtigte Person hat die Bauvorlagen durch Unterschrift anzuerkennen.

§ 71
Vorbescheid

(1) Vor Einreichung des Bauantrages kann zu Fragen des Bauvorhabens ein Bescheid (Vorbescheid) beantragt werden. Der Vorbescheid gilt drei Jahre.

(2) §§ 69, 72 Absatz 1 bis 3, §§ 74, 75, 77 Absatz 1 bis 3 und § 79 Absatz 2 gelten entsprechend.

(3) Betreffen die Fragen nach Absatz 1 die Errichtung oder Änderung eines Gebäudes, müssen die dem Antrag auf Vorbescheid beizufügenden Bauvorlagen von einer Entwurfsverfasserin oder einem Entwurfsverfasser, die oder der bauvorlageberechtigt ist, unterschrieben sein. § 70 gilt entsprechend. Dies gilt nicht für einen Antrag auf Vorbescheid, mit dem nur über die Vereinbarkeit mit den planungsrechtlichen Vorschriften über die Art der baulichen Nutzung, die Bauweise und die überbaubare Grundstücksfläche entschieden werden soll.

§ 72
Behandlung des Bauantrages

(1) Die Bauaufsichtsbehörde hat innerhalb einer Woche nach Eingang des Bauantrages zu prüfen,

1. ob der Bauantrag und die Bauvorlagen den Anforderungen des § 69 und den Vorschriften einer auf Grund des § 86 Absatz 3 erlassenen Rechtsverordnung entsprechen,
2. ob die Erteilung der Baugenehmigung von der Zustimmung, dem Einvernehmen, Benehmen oder von der Erteilung einer weiteren Genehmigung oder Erlaubnis einer anderen Behörde abhängig ist,
3. welche anderen Behörden oder Dienststellen zu beteiligen sind und
4. welche Sachverständigen heranzuziehen sind.

Die Bauaufsichtsbehörde soll den Bauantrag zurückweisen, wenn die Bauvorlagen unvollständig sind oder erhebliche Mängel aufweisen. Unmittelbar nach Abschluss der Prüfung nach Satz 1 hat die Bauaufsichtsbehörde den Bauantrag und die dazugehörenden Bauvorlagen mit Ausnahme der bautechnischen Nachweise der Gemeinde zuzuleiten.

(2) Bedarf die Erteilung der Baugenehmigung nach landesrechtlichen Vorschriften der Zustimmung, des Einvernehmens oder des Benehmens einer anderen Körperschaft, Behörde oder Dienststelle, so gelten diese als erteilt, wenn sie nicht innerhalb von zwei Monaten nach Eingang des Ersuchens unter Angabe der Gründe verweigert werden. Hat eine andere Behörde oder Dienststelle eine Stellungnahme nicht innerhalb eines Monats nach Aufforderung abgegeben, so kann die Bauaufsichtsbehörde ohne die Stellungnahme entscheiden. Bearbeitungs- und Ausschlussfristen in anderen Rechtsvorschriften bleiben unberührt.

(3) Entscheidungen und Stellungnahmen nach Absatz 2 sollen gleichzeitig eingeholt werden. Eine gemeinsame Besprechung der nach Absatz 2 zu beteiligenden Stellen (Antragskonferenz) soll einberufen werden, wenn dies der beschleunigten Abwicklung des Baugenehmigungsverfahrens dienlich ist. Förmlicher Erklärungen der Zustimmung, des Einvernehmens oder Benehmens nach Absatz 2 Satz 1 bedarf es nicht, wenn die dort genannten Behörden oder Dienststellen derselben Körperschaft wie die Bauaufsichtsbehörde angehören.

(4) Die Beachtung der technischen Regeln ist, soweit sie nach § 3 Absatz 2 eingeführt sind, zu prüfen.

(5) Einer Prüfung bautechnischer Nachweise, die von einem Prüfamt für Baustatik allgemein geprüft sind (Typenprüfung), bedarf es nicht. Typenprüfungen anderer Länder gelten auch im Land Nordrhein-Westfalen.

§ 73
Ersetzen gemeindlichen Einvernehmens

(1) Hat eine Gemeinde ihr nach § 88 Absatz 5 oder nach § 36 Absatz 1 Satz 1 und 2 des Baugesetzbuches erforderliches Einvernehmen rechtswidrig versagt, so hat die zuständige Bauaufsichtsbehörde das fehlende Einvernehmen nach Maßgabe der Absätze 2 bis 4 zu ersetzen. Wird in einem anderen Genehmigungsverfahren über die Zulässigkeit des Vorhabens entschieden, tritt die für dieses Verfahren zuständige Behörde an die Stelle der Bauaufsichtsbehörde.

(2) § 122 der Gemeindeordnung für das Land Nordrhein-Westfalen in der Fassung der Bekanntmachung vom 14. Juli 1994 (GV. NRW. S. 666), die zuletzt durch Artikel 2 des Gesetzes vom 25. Juni 2015 (**GV. NRW. S. 496**) geändert worden ist, findet keine Anwendung.

(3) Die Genehmigung gilt zugleich als Ersatzvornahme im Sinne des § 123 der Gemeindeordnung für das Land Nordrhein-Westfalen. Sie ist zu begründen. Eine Anfechtungsklage hat auch insoweit keine aufschiebende Wirkung, als die Genehmigung als Ersatzvornahme gilt. Die Baugenehmigung kann, soweit sie als Ersatzvornahme gilt, nicht gesondert nach § 126 der Gemeindeordnung für das Land Nordrhein-Westfalen angefochten werden.

(4) Die Gemeinde ist vor Erlass der Genehmigung anzuhören. Dabei ist ihr Gelegenheit zu geben, binnen angemessener Frist erneut über das gemeindliche Einvernehmen zu entscheiden.

§ 74
Abweichungen

(1) Soweit in diesem Gesetz oder in auf Grund dieses Gesetzes erlassenen Vorschriften nichts anderes geregelt ist, kann die Genehmigungsbehörde Abweichungen von bauaufsichtlichen Anforderungen dieses Gesetzes und der auf Grund dieses Gesetzes erlassenen Vorschriften zulassen, wenn sie unter Berücksichtigung des Zwecks der jeweiligen Anforderungen und unter Würdigung der nachbarlichen Interessen mit den öffentlichen Belangen vereinbar sind. Unter den Voraussetzungen des Satzes 1 sind Abweichungen zuzulassen, wenn sie der Verwirklichung von Vorhaben zur Einsparung von Wasser oder Energie dienen. Soll von einer technischen Anforderung abgewichen werden, ist der Genehmigungsbehörde nachzuweisen, dass dem Zweck dieser Anforderung auf andere Weise entsprochen wird.

(2) Ist für bauliche Anlagen oder andere Anlagen und Einrichtungen im Sinne von § 1 Absatz 1 Satz 2, die keiner Baugenehmigung bedürfen, eine Abweichung erforderlich, so ist sie schriftlich zu beantragen. Die Bauaufsichtsbehörde hat über den Abweichungsantrag innerhalb einer Frist von sechs Wochen nach Eingang des vollständigen Antrags bei ihr zu entscheiden. Sie kann die Frist aus wichtigen Gründen bis zu sechs Wochen verlängern.

§ 75
Beteiligung der Angrenzer und der Öffentlichkeit

(1) Die Eigentümerinnen und Eigentümer sowie die Erbbauberechtigten angrenzender Grundstücke (Angrenzer) sind nach den Absätzen 2 bis 4 zu beteiligen. Die Vorschriften des Verwaltungsverfahrensgesetzes für das Land Nordrhein-Westfalen sind insoweit nicht anzuwenden.

(2) Die Bauaufsichtsbehörden sollen die Angrenzer vor Zulassung von Abweichungen benachrichtigen, wenn zu erwarten ist, dass öffentlich-rechtlich geschützte nachbarliche Belange berührt werden. Einwendungen sind innerhalb eines Monats nach Zugang der Benachrichtigung bei der Bauaufsichtsbehörde schriftlich oder zu Protokoll vorzubringen.

(3) Die Benachrichtigung entfällt, wenn die zu benachrichtigenden Angrenzer die Lagepläne und Bauzeichnungen unterschrieben oder der Zulassung von Abweichungen zugestimmt haben.

(4) Wird den Einwendungen nicht entsprochen, so ist die Entscheidung über die Abweichung dem Angrenzer zuzustellen. Wird den Einwendungen entsprochen, kann auf die Zustellung der Entscheidung verzichtet werden.

(5) Bei der Errichtung, Änderung oder Nutzungsänderung einer baulichen Anlage nach § 54 Absatz 1 ist der oder dem zuständigen Behindertenbeauftragten oder der örtlichen Interessenvertretung der Menschen mit Behinderungen Gelegenheit zur Stellungnahme zu geben.

§ 76
Ausnahmen und Befreiungen nach dem Bauplanungsrecht

Ausnahmen und Befreiungen von den Festsetzungen eines Bebauungsplans, einer sonstigen städtebaulichen Satzung nach § 34 des Baugesetzbuches oder von Regelungen über die zulässige Art der baulichen Nutzung nach § 34 Absatz 2 Halbsatz 2 des Baugesetzbuches, über die nicht in einem Baugenehmigungsverfahren entschieden wird, sind schriftlich zu beantragen. Der Antrag ist zu begründen. Ihm sind die zu seiner Beurteilung erforderlichen Unterlagen beizufügen. § 74 Absatz 2 Satz 2 und 3 gilt entsprechend.

§ 77
Baugenehmigung und Baubeginn

(1) Die Baugenehmigung ist zu erteilen, wenn dem Vorhaben öffentlich-rechtliche Vorschriften nicht entgegenstehen. Die Baugenehmigung bedarf der Schriftform. Sie braucht nicht begründet zu werden. Eine Ausfertigung der mit einem Genehmigungsvermerk versehenen Bauvorlagen ist der Antragstellerin oder dem Antragsteller mit der Baugenehmigung zuzustellen.

(2) Die Baugenehmigung gilt auch für und gegen die Rechtsnachfolgerin oder den Rechtsnachfolger der Bauherrin oder des Bauherrn.

(3) Die Baugenehmigung wird unbeschadet der privaten Rechte Dritter erteilt. Sie lässt auf Grund anderer Vorschriften bestehende Verpflichtungen zum Einholen von Genehmigungen, Bewilligungen, Erlaubnissen und Zustimmungen oder zum Erstatten von Anzeigen unberührt.

(4) Die Bauherrin oder der Bauherr und die späteren Eigentümerinnen und Eigentümer haben die Baugenehmigung einschließlich der Bauvorlagen sowie bautechnische Nachweise und

Bescheinigungen von Sachverständigen aufzubewahren. Diese Unterlagen sind an etwaige Rechtsnachfolger weiterzugeben. Die Bauaufsichtsbehörde hat die Bauvorlagen einer baulichen Anlage so lange aufzubewahren, wie diese besteht. Bei Archivierung in elektronischer Form muss gewährleistet sein, dass die Unterlagen nicht nachträglich verändert werden können.

(5) Die Bauaufsichtsbehörde hat die Gemeinde von der Erteilung, Verlängerung, Ablehnung, Rücknahme und dem Widerruf einer Baugenehmigung, Teilbaugenehmigung, eines Vorbescheides, einer Zustimmung oder einer Abweichung zu unterrichten. Eine Ausfertigung des Bescheides ist beizufügen.

(6) Vor Zugang der Baugenehmigung darf mit der Bauausführung nicht begonnen werden.

(7) Vor Baubeginn muss die Grundrissfläche und die Höhenlage der genehmigten baulichen Anlage abgesteckt sein. Eine Kopie der Baugenehmigungen und Bauvorlagen muss an der Baustelle von Baubeginn an vorliegen.

(8) Die Bauherrin oder der Bauherr hat den Ausführungsbeginn genehmigungsbedürftiger Vorhaben nach § 62 Absatz 1 mindestens eine Woche vorher der Bauaufsichtsbehörde schriftlich anzuzeigen. Die Bauaufsichtsbehörde unterrichtet die untere Immissionsschutzbehörde sowie die untere Naturschutzbehörde, soweit sie im Baugenehmigungsverfahren beteiligt wurden.

§ 78
Teilbaugenehmigung

(1) Ist ein Bauantrag eingereicht, so kann der Beginn der Bauarbeiten für die Baugrube und für einzelne Bauteile oder Bauabschnitte auf schriftlichen Antrag schon vor Erteilung der Baugenehmigung schriftlich gestattet werden (Teilbaugenehmigung). § 77 gilt entsprechend.

(2) In der Baugenehmigung können für die bereits begonnenen Teile des Bauvorhabens zusätzliche Anforderungen gestellt werden, wenn sich bei der weiteren Prüfung der Bauvorlagen ergibt, dass die zusätzlichen Anforderungen wegen der öffentlichen Sicherheit oder Ordnung erforderlich sind.

§ 79
Geltungsdauer der Genehmigung

(1) Die Baugenehmigung und die Teilbaugenehmigung erlöschen, wenn innerhalb von drei Jahren nach Erteilung der Genehmigung mit der Ausführung des Bauvorhabens nicht begonnen oder die Bauausführung ein Jahr unterbrochen worden ist.

(2) Die Frist nach Absatz 1 kann auf schriftlichen Antrag jeweils bis zu einem Jahr verlängert werden. Sie kann auch rückwirkend verlängert werden.

§ 79a
Typengenehmigung

(1) Für bauliche Anlagen, die in derselben Ausführung an mehreren Stellen errichtet werden sollen, kann die oberste Bauaufsichtsbehörde eine allgemeine Genehmigung (Typengenehmigung) erteilen, wenn die baulichen Anlagen den bauaufsichtlichen Vorschriften entsprechen, ihre Brauchbarkeit für den jeweiligen Verwendungszweck nachgewiesen ist und kein öffentliches Interesse dagegen spricht. Eine Typengenehmigung kann auch erteilt werden für bauliche Anlagen, die in unterschiedlicher Ausführung, aber nach einem bestimmten System und aus bestimmten Bauteilen an mehreren Stellen errichtet werden sollen; in der Typengenehmigung ist die zulässige Veränderbarkeit festzulegen. Für Fliegende Bauten wird eine Typengenehmigung nicht erteilt.

(2) Die Typengenehmigung bedarf der Schriftform. Sie darf nur unter dem Vorbehalt des Widerrufs und nur für eine bestimmte Frist erteilt werden, die fünf Jahre nicht überschreiten soll. Sie kann auf schriftlichen Antrag jeweils bis zu fünf Jahren verlängert werden. § 79 Absatz 2 Satz 2 gilt entsprechend. Eine Ausfertigung der mit dem Genehmigungsvermerk zu versehenden Bauvorlagen ist der Antragstellerin oder dem Antragsteller mit der Typengenehmigung zuzustellen.

(3) Typengenehmigungen anderer Länder gelten auch im Land Nordrhein-Westfalen.

(4) § 69 Absatz 1 und 2, § 72 Absatz 1 Satz 2 und Absatz 4 sowie § 74 gelten entsprechend.

(5) Eine Typengenehmigung entbindet nicht von der Verpflichtung, eine Baugenehmigung (§ 77) oder eine Zustimmung (§ 81) einzuholen.

(6) Die in der Typengenehmigung entschiedenen Sachverhalte sind von der jeweiligen Bauaufsichtsbehörde nicht mehr zu prüfen. Soweit es auf Grund örtlicher Verhältnisse im Einzelfall erforderlich ist, kann die Bauaufsichtsbehörde weitere Auflagen machen oder genehmigte Typen ausschließen.

§ 80
Fliegende Bauten

(1) Fliegende Bauten sind bauliche Anlagen, die geeignet und bestimmt sind, an verschiedenen Orten wiederholt aufgestellt und zerlegt zu werden. Baustelleneinrichtungen und Baugerüste gelten nicht als Fliegende Bauten.

(2) Fliegende Bauten bedürfen, bevor sie erstmals aufgestellt und in Gebrauch genommen werden, einer Ausführungsgenehmigung. Dies gilt nicht für

1. Fliegende Bauten mit einer Höhe bis zu 5 m, die nicht dazu bestimmt sind, von Besuchern betreten zu werden,
2. Kinderfahrgeschäfte mit einer Höhe bis zu 5 m, die eine Geschwindigkeit von höchstens 1 m/s haben,
3. Bühnen, die Fliegende Bauten sind, einschließlich Überdachungen und sonstigen Aufbauten mit einer Höhe bis zu 5 m, einer Grundfläche bis zu 100 m² und einer Fußbodenhöhe bis zu 1,50 m,
4. eingeschossige Zelte und betretbare Verkaufsstände, die Fliegende Bauten sind, jeweils mit einer Grundfläche bis zu 75 m² und
5. aufblasbare Spielgeräte mit einer Höhe des betretbaren Bereichs von bis zu 5 m oder mit überdachten Bereichen, bei denen die Entfernung zum Ausgang nicht mehr als 3 m, sofern ein Absinken der Überdachung konstruktiv verhindert wird, nicht mehr als 10 m, beträgt.

(3) Die Ausführungsgenehmigung wird von der Bauaufsichtsbehörde erteilt, in deren Bereich die Antragstellerin oder der Antragsteller ihre oder seine Hauptwohnung oder ihre oder seine gewerbliche Niederlassung hat. Hat die Antragstellerin oder der Antragsteller ihre oder seine Hauptwohnung oder ihre oder seine gewerbliche Niederlassung außerhalb der Bundesrepublik Deutschland, so ist die Bauaufsichtsbehörde zuständig, in deren Bereich der Fliegende Bau erstmals aufgestellt und in Gebrauch genommen werden soll. Ausführungsgenehmigungen anderer Länder gelten auch im Land Nordrhein-Westfalen.

(4) Die oberste Bauaufsichtsbehörde kann bestimmen, dass Ausführungsgenehmigungen für Fliegende Bauten nur durch bestimmte Bauaufsichtsbehörden erteilt werden dürfen.

(5) Die Ausführungsgenehmigung wird für eine bestimmte Frist erteilt, die höchstens fünf Jahre betragen soll. Sie kann auf schriftlichen Antrag jeweils bis zu fünf Jahre verlängert werden. § 79 Absatz 2 Satz 2 gilt entsprechend. Die Ausführungsgenehmigung wird in ein Prüfbuch eingetragen, dem eine Ausfertigung der mit einem Genehmigungsvermerk zu versehenden Bauvorlagen beizufügen ist. In der Ausführungsgenehmigung kann bestimmt werden, dass Anzeigen nach Absatz 7 nicht erforderlich sind, wenn eine Gefährdung im Sinne des § 3 Absatz 1 nicht zu erwarten ist.

(6) Die Inhaberin oder der Inhaber der Ausführungsgenehmigung hat den Wechsel ihrer oder seiner Hauptwohnung oder ihrer oder seiner gewerblichen Niederlassung oder die Übertragung eines Fliegenden Baues an Dritte der Bauaufsichtsbehörde anzuzeigen, die die Ausführungsgenehmigung erteilt hat. Die Behörde hat die Änderungen in das Prüfbuch einzutragen und sie, wenn mit den Änderungen ein Wechsel der Zuständigkeit verbunden ist, der nunmehr zuständigen Behörde mitzuteilen.

(7) Fliegende Bauten, die nach Absatz 2 Satz 1 einer Ausführungsgenehmigung bedürfen, dürfen unbeschadet anderer Vorschriften nur in Gebrauch genommen werden, wenn ihre Aufstellung der Bauaufsichtsbehörde des Aufstellungsortes unter Vorlage des Prüfbuches angezeigt ist. Die Bauaufsichtsbehörde kann die Inbetriebnahme dieser Fliegenden Bauten von einer Gebrauchsabnahme abhängig machen, wenn dies aus Gründen der Standsicherheit oder Betriebssicherheit erforderlich ist. Technisch schwierige Fliegende Bauten sowie Zelte und Tribünen, die in wechselnden Größen aufgestellt werden können, sind immer einer Gebrauchsabnahme zu unterziehen. Das Ergebnis der Abnahme ist in das Prüfbuch einzutragen.

(8) Die für die Erteilung der Gebrauchsabnahme zuständige Bauaufsichtsbehörde kann Auflagen machen oder die Aufstellung oder den Gebrauch Fliegender Bauten untersagen, soweit dies nach den örtlichen Verhältnissen oder zur Abwehr von Gefahren erforderlich ist, insbesondere weil die Betriebssicherheit oder Standsicherheit nicht oder nicht mehr gewährleistet ist oder weil von der Ausführungsgenehmigung abgewichen wird. Wird die Aufstellung oder der Gebrauch auf Grund von Mängeln am Fliegenden Bau untersagt, so ist dies in das Prüfbuch einzutragen. Die für die Ausführungsgenehmigung zuständige Behörde ist zu benachrichtigen, das Prüfbuch ist einzuziehen und ihr zuzuleiten, wenn die Herstellung ordnungsgemäßer Zustände innerhalb angemessener Frist nicht zu erwarten ist.

(9) Bei Fliegenden Bauten, die von Besucherinnen und Besuchern betreten und längere Zeit an einem Aufstellungsort betrieben werden, kann die für die Gebrauchsabnahme zuständige Bauaufsichtsbehörde aus Gründen der Sicherheit Nachabnahmen durchführen. Das Ergebnis der Nachabnahme ist in das Prüfbuch einzutragen.

(10) §§ 69, 72 Absatz 1 Satz 2 und § 82 Absatz 1, 3 und 4 gelten entsprechend.

(11) Absätze 2 bis 10 finden auf Fliegende Bauten, die der Landesverteidigung, dem Katastrophenschutz oder der Unfallhilfe dienen, keine Anwendung.

§ 81
Öffentliche Bauherren

(1) Bauliche Anlagen sowie andere Anlagen und Einrichtungen bedürfen keiner Baugenehmigung, Bauüberwachung und Bauzustandsbesichtigung, wenn

1. der öffentliche Bauherr die Leitung der Entwurfsarbeiten und die Bauüberwachung einer Baudienststelle des Bundes, eines Landes oder eines Landschaftsverbandes übertragen hat und
2. die Baudienststelle mindestens mit einer Person, die auf Grund eines Hochschulabschlusses der Fachrichtungen Architektur oder Bauingenieurwesen die Berufsbezeichnung „Ingenieurin" oder „Ingenieur" führen darf und die insbesondere die erforderlichen Kenntnisse des öffentlichen Baurechts, der Bautechnik und der Baugestaltung hat, und mit sonstigen geeigneten Fachkräften ausreichend besetzt ist.

Solche Anlagen und Einrichtungen bedürfen der Zustimmung der oberen Bauaufsichtsbehörde, wenn sie nach § 62 Absatz 1 genehmigungsbedürftig wären (Zustimmungsverfahren). § 67 Absatz 1, § 69 Absatz 1 und 2 und §§ 71 bis 79 gelten entsprechend. Die Gemeinde ist zu dem Vorhaben zu hören.

(2) Über Abweichungen entscheidet die obere Bauaufsichtsbehörde im Zustimmungsverfahren.

(3) Bauliche Anlagen sowie andere Anlagen und Einrichtungen, die unmittelbar der Landesverteidigung dienen, sind abweichend von den Absätzen 1 und 2 der oberen Bauaufsichtsbehörde in geeigneter Weise zur Kenntnis zu bringen. Im Übrigen wirken die Bauaufsichtsbehörden nicht mit.

(4) Der öffentliche Bauherr trägt die Verantwortung, dass Entwurf und Ausführung der baulichen Anlagen sowie anderer Anlagen und Einrichtungen im Sinne des § 1 Absatz 1 Satz 2 den öffentlich-rechtlichen Vorschriften entsprechen.

§ 82
Bauüberwachung

(1) Während der Ausführung eines genehmigten Bauvorhabens überprüft die Bauaufsichtsbehörde die Einhaltung der öffentlich-rechtlichen Vorschriften und Anforderungen und die ordnungsgemäße Erfüllung der Pflichten der am Bau Beteiligten (Bauüberwachung). Die Bauüberwachung ist beschränkt auf den Umfang der im Baugenehmigungsverfahren zu prüfenden Bauvorlagen und kann stichprobenhaft durchgeführt werden. Bei Vorhaben, die im einfachen Genehmigungsverfahren (§ 67) genehmigt werden, kann die Bauaufsichtsbehörde auf die Bauüberwachung verzichten.

(2) Der Bauaufsichtsbehörde ist die Einhaltung der Grundrissflächen und Höhenlagen der baulichen Anlagen nachzuweisen. Wenn es die besonderen Grundstücksverhältnisse erfordern, kann sie die Vorlage eines amtlichen Nachweises verlangen.

(3) Die Bauaufsichtsbehörde und die von ihr Beauftragten können Proben von Bauprodukten und, soweit erforderlich, auch aus fertigen Bauteilen entnehmen und prüfen lassen.

(4) Den mit der Überwachung beauftragten Personen ist jederzeit Einblick in die Genehmigungen, Zulassungen, Prüfzeugnisse, Übereinstimmungszertifikate, Zeugnisse und Aufzeichnungen über die Prüfungen von Bauprodukten, in die CE-Kennzeichnungen und Leistungserklärungen nach der Verordnung (EU) Nr. 305/2011, in die Bautagebücher und andere vorgeschriebene Aufzeichnungen zu gewähren.

(5) Die Bauaufsichtsbehörde soll, soweit sie im Rahmen der Bauüberwachung Erkenntnisse über systematische Rechtsverstöße gegen die Verordnung (EU) 305/2011 erlangen, diese der für die Marktüberwachung zuständigen Stelle mitteilen.

§ 83
Bauzustandsbesichtigung

(1) Die Bauzustandsbesichtigung zur Fertigstellung des Rohbaus und der abschließenden Fertigstellung genehmigter baulicher Anlagen sowie anderer Anlagen und Einrichtungen (§ 62) wird von der Bauaufsichtsbehörde durchgeführt. Die Bauzustandsbesichtigung ist beschränkt auf den Umfang der im Baugenehmigungsverfahren zu prüfenden Bauvorlagen und kann stichprobenhaft durchgeführt werden. Bei Vorhaben, die im einfachen Genehmigungsverfahren (§ 67) genehmigt werden, kann die Bauaufsichtsbehörde auf die Bauzustandsbesichtigung verzichten.

(2) Die Fertigstellung des Rohbaus und die abschließende Fertigstellung genehmigter baulicher Anlagen sowie anderer Anlagen und Einrichtungen (§ 62 Absatz 1) sind der Bauaufsichtsbehörde von der Bauleiterin oder dem Bauleiter jeweils eine Woche vorher anzuzeigen, um der Bauaufsichtsbehörde eine Besichtigung des Bauzustandes zu ermöglichen. Ist eine Bauleiterin oder ein Bauleiter der Bauaufsichtsbehörde nicht benannt worden, trifft die Pflicht die Bauherrin oder den Bauherrn. Die Bauaufsichtsbehörde kann verlangen, dass ihr oder von ihr Beauftragten Beginn und Beendigung bestimmter Bauarbeiten von der Bauherrin oder dem Bauherrn oder der Bauleiterin oder dem Bauleiter angezeigt werden.

(3) Der Rohbau ist fertiggestellt, wenn die tragenden Teile, Schornsteine, Brandwände und die Dachkonstruktion vollendet sind. Zur Besichtigung des Rohbaus sind die Bauteile, die für die Standsicherheit und, soweit möglich, die Bauteile, die für den Brand- und Schallschutz wesentlich sind, derart offen zu halten, dass Maße und Ausführungsart geprüft werden können. Die abschließende Fertigstellung umfasst die Fertigstellung auch der Wasserversorgungsanlagen und Abwasseranlagen.

(4) Mit der Anzeige der abschließenden Fertigstellung von Bauvorhaben, für die der Bauaufsichtsbehörde Bescheinigungen von staatlich anerkannten Sachverständigen gemäß § 68 vorliegen, sind von den Sachverständigen Bescheinigungen einzureichen, wonach sie sich durch stichprobenhafte Kontrollen während der Bauausführung davon überzeugt haben, dass die baulichen Anlagen entsprechend den erstellten Nachweisen errichtet oder geändert worden sind. Bauzustandsbesichtigungen finden insoweit nicht statt.

(5) Die Bauherrin oder der Bauherr hat für die Besichtigung und die damit verbundenen möglichen Prüfungen die erforderlichen Arbeitskräfte und Geräte bereitzustellen. Über das Ergebnis der Besichtigung ist auf Verlangen der Bauherrin oder des Bauherrn eine Bescheinigung auszustellen.

(6) Mit der Fortsetzung der Bauarbeiten darf erst einen Tag nach dem in der Anzeige nach Absatz 2 genannten Zeitpunkt der Fertigstellung des Rohbaus begonnen werden, soweit die Bauaufsichtsbehörde nicht einem früheren Beginn zugestimmt hat.

(7) Die Bauaufsichtsbehörde kann verlangen, dass bei Bauausführungen die Arbeiten erst fortgesetzt oder die Anlagen erst benutzt werden, wenn sie von ihr oder einer oder einem beauftragten Sachverständigen geprüft worden sind.

(8) Bauliche Anlagen sowie andere Anlagen und Einrichtungen im Sinne des Absatzes 1 dürfen erst benutzt werden, wenn sie ordnungsgemäß fertig gestellt und sicher benutzbar sind, frühestens jedoch eine Woche nach dem in der Anzeige nach Absatz 2 genannten Zeitpunkt der Fertigstellung. Die Bauaufsichtsbehörde soll auf Antrag gestatten, dass die Anlage oder Einrichtung ganz oder teilweise schon früher benutzt wird, wenn wegen der öffentlichen Sicherheit oder Ordnung Bedenken nicht bestehen.

§ 84
Baulast und Baulastenverzeichnis

(1) Durch Erklärung gegenüber der Bauaufsichtsbehörde kann die Grundstückseigentümerin oder der Grundstückseigentümer öffentlich-rechtliche Verpflichtungen zu einem ihr oder sein Grundstück betreffenden Tun, Dulden oder Unterlassen übernehmen, die sich nicht schon aus öffentlich-rechtlichen Vorschriften ergeben (Baulast). Besteht an dem Grundstück ein Erbbaurecht, so ist auch die Erklärung der oder des Erbbauberechtigten erforderlich. Baulasten werden unbeschadet der Rechte Dritter mit der Eintragung in das Baulastenverzeichnis wirksam und wirken auch gegenüber der Rechtsnachfolgerin oder dem Rechtsnachfolger.

(2) Die Erklärung nach Absatz 1 bedarf der Schriftform. Die Unterschrift muss öffentlich, von einer Gemeinde oder von einer gemäß § 2 des Vermessungs- und Katastergesetzes vom 1. März 2005 (**GV. NRW. S. 174**), das zuletzt durch Artikel 2 des Gesetzes vom 1. April 2014 (**GV. NRW. S. 256**) geändert worden ist, zuständigen Stelle beglaubigt oder vor der Bauaufsichtsbehörde geleistet oder vor ihr anerkannt werden.

(3) Die Baulast geht nur durch schriftlichen, im Baulastenverzeichnis zu vermerkenden Verzicht der Bauaufsichtsbehörde unter. Auf Antrag der Grundstückseigentümerin oder des Grundstückseigentümers ist der Verzicht zu erklären, wenn ein öffentliches Interesse an der Baulast nicht mehr besteht.

(4) Das Baulastenverzeichnis wird von der Bauaufsichtsbehörde geführt. In das Baulastenverzeichnis können auch Auflagen, Bedingungen, Befristungen und Widerrufsvorbehalte eingetragen werden.

(5) Wer ein berechtigtes Interesse darlegt, kann in das Baulastenverzeichnis Einsicht nehmen oder sich Abschriften erteilen lassen. Bei Öffentlich bestellten Vermessungsingenieurinnen und -ingenieuren ist ein berechtigtes Interesse grundsätzlich anzunehmen.

Teil 6
Bußgeldvorschriften, Rechtsvorschriften, bestehende Anlagen und Einrichtungen

§ 85
Bußgeldvorschriften

(1) Ordnungswidrig handelt, wer vorsätzlich oder fahrlässig

1. entgegen § 5 Absatz 2 Zu- und Durchfahrten sowie befahrbare Flächen nicht ständig freihält oder Fahrzeuge auf ihnen abstellt,
2. es entgegen § 11 Absatz 3 unterlässt, ein Baustellenschild aufzustellen,
3. Bauprodukte mit dem Ü-Zeichen kennzeichnet, ohne dass dafür die Voraussetzungen nach § 24 Absatz 2 vorliegen,
4. Bauprodukte entgegen § 24 Absatz 4 ohne das Ü-Zeichen verwendet,
5. Bauarten entgegen § 17 ohne Bauartgenehmigung oder ohne allgemeines bauaufsichtliches Prüfzeugnis anwendet,
6. entgegen § 56 Absatz 1 Satz 1 zur Ausführung eines genehmigungsbedürftigen Bauvorhabens eine Unternehmerin oder einen Unternehmer oder eine Bauleiterin oder einen Bauleiter oder eine Entwurfsverfasserin oder einen Entwurfsverfasser nicht beauftragt,
7. entgegen § 56 Absatz 2 Satz 3 genehmigungsbedürftige Abbrucharbeiten in Selbst- oder Nachbarschaftshilfe ausführt,
8. entgegen § 56 Absatz 5 Satz 1 vor Beginn der Bauarbeiten die Namen der Bauleiterin oder des Bauleiters und der Fachbauleiterinnen oder Fachbauleiter oder während der Bauausführung einen Wechsel dieser Personen oder entgegen § 56 Absatz 5 Satz 3 einen Wechsel in der Person der Bauherrin oder des Bauherrn nicht oder nicht rechtzeitig mitteilt,
9. entgegen § 65 Satz 2 eine Anlage benutzt, ohne eine Bescheinigung der Unternehmerinnen oder Unternehmer oder Sachverständigen vorliegen zu haben,
10. entgegen § 68 Absatz 1, § 82 Absatz 2 oder § 83 Absatz 4 Satz 1 die dort genannten Nachweise oder Bescheinigungen nicht einreicht,
11. eine bauliche Anlage oder andere Anlagen und Einrichtungen im Sinne des § 1 Absatz 1 Satz 2 ohne Baugenehmigung nach § 77 oder Teilbaugenehmigung nach § 78 oder abweichend davon errichtet, ändert, nutzt, abbricht oder ihre Nutzung ändert,

12. entgegen § 77 Absatz 7 Satz 2 eine Kopie der Baugenehmigungen und Bauvorlagen an der Baustelle nicht vorliegen hat,

13. entgegen § 77 Absatz 8 den Ausführungsbeginn genehmigungsbedürftiger Vorhaben nicht oder nicht rechtzeitig mitteilt,

14. Fliegende Bauten ohne Ausführungsgenehmigung nach § 80 Absatz 2 Satz 1 erstmals aufstellt oder in Gebrauch nimmt oder ohne Gebrauchsabnahme nach § 80 Absatz 7 Satz 2 oder 3 in Gebrauch nimmt,

15. die nach § 83 Absatz 2 vorgeschriebenen oder verlangten Anzeigen nicht oder nicht rechtzeitig erstattet,

16. entgegen § 83 Absatz 6 oder 7 mit der Fortsetzung der Bauarbeiten beginnt,

17. entgegen § 83 Absatz 8 Satz 1 bauliche Anlagen oder andere Anlagen oder Einrichtungen vorzeitig benutzt,

18. einer auf Grund dieses Gesetzes ergangenen Rechtsverordnung oder örtlichen Bauvorschrift zuwiderhandelt, sofern die Rechtsverordnung oder die örtliche Bauvorschrift für einen bestimmten Tatbestand auf diese Bußgeldvorschrift verweist oder

19. einer vollziehbaren schriftlichen Anordnung der Bauaufsichtsbehörde zuwiderhandelt, die auf Grund dieses Gesetzes oder auf Grund einer nach diesem Gesetz ergangenen Rechtsverordnung oder Satzung erlassen worden ist, sofern die Anordnung auf die Bußgeldvorschrift verweist.

(2) Ordnungswidrig handelt auch, wer wider besseres Wissen unrichtige Angaben macht oder unrichtige Pläne oder Unterlagen vorlegt, um einen nach diesem Gesetz vorgesehenen Verwaltungsakt zu erwirken oder zu verhindern.

(3) Die Ordnungswidrigkeit kann mit einer Geldbuße bis zu einhunderttausend Euro, in den Fällen des Absatzes 1 Nummer 11 mit einer Geldbuße bis zu fünfhunderttausend Euro geahndet werden.

(4) Ist eine Ordnungswidrigkeit nach Absatz 1 Nummer 3 bis 5 begangen worden, so können Gegenstände, auf die sich die Ordnungswidrigkeit bezieht, eingezogen werden. § 23 des Gesetzes über Ordnungswidrigkeiten in der Fassung der Bekanntmachung vom 19. Februar 1987 (BGBl. I S. 602), das zuletzt durch Artikel 4 des Gesetzes vom 13. Mai 2015 (BGBl. I S. 706) geändert worden ist, ist anzuwenden.

(5) Verwaltungsbehörde im Sinne des § 36 Absatz 1 Nummer 1 des Gesetzes über Ordnungswidrigkeiten ist die untere Bauaufsichtsbehörde, in den Fällen des Absatzes 1 Nummer 1 hinsichtlich des Abstellens von Fahrzeugen die örtliche Ordnungsbehörde.

(6) Soweit in Bußgeldvorschriften, die auf Grund der Landesbauordnung in der Fassung der Bekanntmachung vom 27. Januar 1970 (GV. NRW. S. 96), die zuletzt durch Artikel 8 des Gesetzes vom 18. Mai 1982 (GV. NRW. S. 248) geändert worden ist, erlassen sind, auf § 101 Absatz 1 Nummer 1 jenes Gesetzes verwiesen wird und in Bußgeldvorschriften, die auf Grund der Landesbauordnung vom 26. Juni 1984 (GV. NRW. S. 419), die zuletzt durch Gesetz vom

24. November 1992 (GV. NRW. S. 467) geändert worden ist, erlassen sind, auf § 79 Absatz 1 Nummer 14 jenes Gesetzes verwiesen wird, gelten solche Verweisungen als Verweisungen auf § 85 Absatz 1 Nummer 18.

§ 86
Rechtsverordnungen und Verwaltungsvorschriften

(1) Zur Verwirklichung der in § 3 Absatz 1, § 17 Absatz 1 und § 18 Absatz 1 bezeichneten allgemeinen Anforderungen wird die oberste Bauaufsichtsbehörde ermächtigt, durch Rechtsverordnung Vorschriften zu erlassen über

1. die nähere Bestimmung allgemeiner Anforderungen in den §§ 4 bis 52,
2. den Nachweis der Befähigung der in § 17 Absatz 6 und § 18 Absatz 3 genannten Personen; dabei können Mindestanforderungen an die Ausbildung, die durch Prüfung nachzuweisende Befähigung und die Ausbildungsstätten einschließlich der Anerkennungsvoraussetzungen gestellt werden,
3. die Überwachung von Tätigkeiten bei Bauarten nach § 17 Absatz 7 und mit einzelnen Bauprodukten nach § 18 Absatz 4; dabei können für die Überwachungsstellen über die in § 25 Absatz 1 Nummer 5 festgelegten Mindestanforderungen hinaus weitere Anforderungen im Hinblick auf die besonderen Eigenschaften und die besondere Verwendung der Bauprodukte gestellt werden,
4. die nähere Bestimmung allgemeiner Anforderungen in § 43, insbesondere über Feuerungsanlagen und Anlagen zur Verteilung von Wärme oder zur Warmwasserversorgung sowie über deren Betrieb, über Brennstoffleitungsanlagen, über Aufstellräume für Feuerstätten, Verbrennungsmotoren und Verdichter sowie über die Lagerung von Brennstoffen,
5. die nähere Bestimmung allgemeiner Anforderungen in §§ 40 bis 42, insbesondere über Lüftungs- und Leitungsanlagen sowie über deren Betrieb und über deren Aufstellräume,
6. besondere Anforderungen oder Erleichterungen, die sich aus der besonderen Art oder Nutzung der baulichen Anlagen und Räume für Errichtung, Änderung, Instandhaltung, Betrieb und Benutzung ergeben (§§ 53 und 54), sowie über die Anwendung solcher Anforderungen auf bestehende bauliche Anlagen dieser Art,
7. wiederkehrende Prüfung von Anlagen oder Einrichtungen, die zur Verhütung erheblicher Gefahren ständig ordnungsgemäß instandgehalten werden müssen, und die Erstreckung dieser Nachprüfungspflicht auf bestehende Anlagen oder Einrichtungen,
8. die Vergütung der Sachverständigen, denen nach diesem Gesetz oder nach Vorschriften auf Grund dieses Gesetzes Aufgaben übertragen werden; die Vergütung ist nach den Grundsätzen des Gebührengesetzes für das Land Nordrhein-Westfalen in der Fassung der Bekanntmachung vom 23. August 1999 (**GV. NRW. S. 524**), das zuletzt durch Gesetz vom 8. Dezember 2015 (**GV. NRW. S. 836**) geändert worden ist, festzusetzen,
9. die Anwesenheit von Fachleuten beim Betrieb technisch schwieriger Anlagen und Einrichtungen, wie Bühnenbetriebe und technisch schwierige Fliegende Bauten und
10. den Nachweis der Befähigung der in Nummer 9 genannten Fachleute.

(2) Die oberste Bauaufsichtsbehörde wird ermächtigt, zur Vereinfachung oder Beschleunigung des Baugenehmigungsverfahrens oder zur Entlastung der Bauaufsichtsbehörden durch Rechtsverordnung Vorschriften zu erlassen über

1. weitere und weitergehende Ausnahmen von der Genehmigungspflicht,
2. den vollständigen oder teilweisen Wegfall der bautechnischen Prüfung bei bestimmten Arten von Bauvorhaben,
3. die Übertragung von Prüfaufgaben der Bauaufsichtsbehörde im Rahmen des bauaufsichtlichen Verfahrens einschließlich der Bauüberwachung und Bauzustandsbesichtigung auf Sachverständige oder sachverständige Stellen,
4. die staatliche Anerkennung von Sachverständigen, die von der Bauherrin oder dem Bauherrn mit der Erstellung von Nachweisen und Bescheinigungen beauftragt werden und
5. die Verpflichtung der Betreiberinnen oder Betreiber, mit der wiederkehrenden Prüfung bestimmter Anlagen und Einrichtungen nach Absatz 1 Nummer 7 Sachverständige oder Sachkundige zu beauftragen.

Sie kann dafür bestimmte Voraussetzungen festlegen, die die Verantwortlichen nach den §§ 56 bis 59 oder die Sachverständigen zu erfüllen haben. Sie muss dies in den Fällen des Satzes 1 Nummer 2 bis 5 tun. Dabei können insbesondere die Fachbereiche, in denen Sachverständige tätig werden, sowie Mindestanforderungen an die Fachkenntnisse sowie in zeitlicher und sachlicher Hinsicht an die Berufserfahrung festgelegt, eine laufende Fortbildung vorgeschrieben, durch Prüfungen nachzuweisende Befähigung bestimmt, der Nachweis der persönlichen Zuverlässigkeit und einer ausreichenden Haftpflichtversicherung gefordert und Altersgrenzen festgesetzt werden. Sie kann darüber hinaus auch eine besondere Anerkennung der Sachverständigen vorschreiben, das Verfahren und die Voraussetzungen für die Anerkennung, ihren Widerruf, ihre Rücknahme und ihr Erlöschen und die Vergütung der Sachverständigen sowie für Prüfungen, die Bestellung und Zusammensetzung der Prüfungsorgane und das Prüfungsverfahren regeln.

(3) Die oberste Bauaufsichtsbehörde wird ermächtigt, zum bauaufsichtlichen Verfahren durch Rechtsverordnung Vorschriften zu erlassen über

1. Umfang, Inhalt und Zahl der Bauvorlagen,
2. die erforderlichen Anträge, Anzeigen, Nachweise und Bescheinigungen und
3. das Verfahren im Einzelnen.

Sie kann dabei für verschiedene Arten von Bauvorhaben unterschiedliche Anforderungen und Verfahren festlegen.

(4) Die oberste Bauaufsichtsbehörde wird ermächtigt, durch Rechtsverordnung vorzuschreiben, dass die am Bau Beteiligten (§§ 56 bis 59) zum Nachweis der ordnungsgemäßen Bauausführung Bescheinigungen, Bestätigungen oder Nachweise dieser Personen, von

Sachverständigen, Fachleuten oder Behörden über die Einhaltung bauaufsichtlicher Anforderungen vorzulegen haben.

(5) Die oberste Bauaufsichtsbehörde wird ermächtigt, durch Rechtsverordnung die Befugnisse für die Anerkennung von Prüf-, Zertifizierungs- und Überwachungsstellen (§ 25) auf andere Behörden zu übertragen.

Die Befugnis nach Satz 1 kann auch auf eine Behörde eines anderen Landes übertragen werden, die der Aufsicht einer obersten Bauaufsichtsbehörde untersteht oder an deren Willensbildung die oberste Bauaufsichtsbehörde mitwirkt. Die Befugnis darf nur im Einvernehmen mit der obersten Bauaufsichtsbehörde ausgeübt werden.

(6) Die oberste Bauaufsichtsbehörde kann durch Rechtsverordnung

1. das Ü-Zeichen festlegen und zu diesem Zeichen zusätzliche Angaben verlangen und
2. das Anerkennungsverfahren nach § 25 Absatz 1, die Voraussetzungen für die Anerkennung, ihren Widerruf und ihr Erlöschen regeln, insbesondere auch Altersgrenzen festlegen, sowie eine ausreichende Haftpflichtversicherung fordern.

(7) Die oberste Bauaufsichtsbehörde kann durch Rechtsverordnung vorschreiben, dass für bestimmte Bauprodukte und Bauarten, auch soweit sie Anforderungen nach anderen Rechtsvorschriften unterliegen, hinsichtlich dieser Anforderungen § 17 Absatz 2 und §§ 20 bis 25 ganz oder teilweise anwendbar sind, wenn die anderen Rechtsvorschriften dies verlangen oder zulassen.

(8) Die oberste Bauaufsichtsbehörde wird ermächtigt, durch Rechtsverordnung zu bestimmen, dass die Anforderungen der auf Grund des § 34 des Produktsicherheitsgesetzes vom 8. November 2011 (BGBl. I S. 2178, 2179; 2012 I S. 131), das durch Artikel 435 der Verordnung vom 31. August 2015 (BGBl. I S. 1474) geändert worden ist, erlassenen Rechtsverordnungen entsprechend für Anlagen gelten, die weder gewerblichen noch wirtschaftlichen Zwecken dienen und in deren Gefahrenbereich auch keine Arbeitnehmer beschäftigt werden. Sie kann auch die Verfahrensvorschriften dieser Verordnungen für anwendbar erklären oder selbst das Verfahren bestimmen sowie Zuständigkeiten und Gebühren regeln. Dabei kann sie auch vorschreiben, dass danach zu erteilende Erlaubnisse die Baugenehmigung oder Zustimmung nach § 81 einschließlich etwaiger Abweichungen (§ 74) einschließen sowie, dass § 35 des Produktsicherheitsgesetzes insoweit Anwendung findet.

(9) Die Rechtsverordnungen werden nach Anhörung des zuständigen Ausschusses des Landtags erlassen.

(10) Die oberste Bauaufsichtsbehörde erlässt die zur Durchführung dieses Gesetzes oder der Rechtsvorschriften auf Grund dieses Gesetzes erforderlichen Verwaltungsvorschriften.

(11) Die oberste Bauaufsichtsbehörde erlässt die zur Durchführung dieses Gesetzes oder der Rechtsvorschriften auf Grund dieses Gesetzes erforderlichen Technischen Baubestimmungen auf der Grundlage der vom Deutschen Institut für Bautechnik im Einvernehmen mit den Obersten Bauaufsichtsbehörden der Länder veröffentlichten Technischen Baubestimmungen als technische Verwaltungsvorschriften.

§ 87
Technische Baubestimmungen

(1) Die Anforderungen nach § 3 Absatz 1 können durch Technische Baubestimmungen konkretisiert werden. Von den in den Technischen Baubestimmungen enthaltenen Planungs-, Bemessungs- und Ausführungsregelungen kann abgewichen werden, wenn mit einer anderen Lösung in gleichem Maße die Anforderungen erfüllt werden und in der Technischen Baubestimmung eine Abweichung nicht ausgeschlossen ist. § 17 Absatz 2 und § 20 Absatz 1 bleiben unberührt.

(2) Die Konkretisierungen können durch Bezugnahmen auf technische Regeln und deren Fundstellen oder auf andere Weise erfolgen, insbesondere in Bezug auf:

1. bestimmte bauliche Anlagen oder ihre Teile,
2. die Planung, Bemessung und Ausführung baulicher Anlagen und ihrer Teile,

3. die Leistung von Bauprodukten in bestimmten baulichen Anlagen oder ihren Teilen, insbesondere:
a) Planung, Bemessung und Ausführung baulicher Anlagen bei Einbau eines Bauprodukts,
b) Merkmale von Bauprodukten, die sich für einen Verwendungszweck auf die Erfüllung der Anforderungen nach § 3 Absatz 1 auswirken,
c) Verfahren für die Feststellung der Leistung eines Bauproduktes im Hinblick auf Merkmale, die sich für einen Verwendungszweck auf die Erfüllung der Anforderungen nach § 3 Absatz 1 auswirken,
d) zulässige oder unzulässige besondere Verwendungszwecke,
e) die Festlegung von Klassen und Stufen in Bezug auf bestimmte Verwendungszwecke und
f) die für einen bestimmten Verwendungszweck anzugebende oder erforderliche und anzugebende Leistung in Bezug auf ein Merkmal, das sich für einen Verwendungszweck auf die Erfüllung der Anforderungen nach § 3 Absatz 1 auswirkt, soweit vorgesehen in Klassen und Stufen,

4. die Bauarten und die Bauprodukte, die nur eines allgemeinen bauaufsichtlichen Prüfzeugnisses nach § 17 Absatz 3 und nach § 22 Absatz 1 bedürfen,
5. Voraussetzungen zur Abgabe der Übereinstimmungserklärung für ein Bauprodukt nach § 24 Absatz 2 und
6. die Art, den Inhalt und die Form technischer Dokumentation.

(3) Die Technischen Baubestimmungen sollen nach den Grundanforderungen gemäß Anhang I der Verordnung (EU) Nr. 305/2011 gegliedert sein.

(4) Die Technischen Baubestimmungen enthalten eine nicht abschließende Liste von Bauprodukten, die keines Verwendbarkeitsnachweises nach § 20 Absatz 1 bedürfen.

§ 88
Örtliche Bauvorschriften

(1) Die Gemeinden können örtliche Bauvorschriften als Satzung erlassen über:

1. die äußere Gestaltung baulicher Anlagen sowie von Werbeanlagen und Warenautomaten zur Durchführung baugestalterischer Absichten in bestimmten, genau abgegrenzten bebauten oder unbebauten Teilen des Gemeindegebietes; dabei können sich die Vorschriften über Werbeanlagen auch auf deren Art, Größe und Anbringungsort erstrecken,
2. besondere Anforderungen an bauliche Anlagen, Werbeanlagen und Warenautomaten zum Schutz bestimmter Bauten, Straßen, Plätze oder Ortsteile von städtebaulicher, künstlerischer oder geschichtlicher Bedeutung sowie von Denkmälern und Naturdenkmälern; dabei können nach den örtlichen Gegebenheiten insbesondere bestimmte Arten von Werbeanlagen und Warenautomaten ausgeschlossen oder auf Teile baulicher Anlagen und auf bestimmte Farben beschränkt werden,
3. die Lage, Größe und Beschaffenheit von Kinderspielflächen (§ 8 Absatz 2),
4. die Gestaltung, Begrünung und Bepflanzung der Gemeinschaftsanlagen, der Lagerplätze, der Stellplätze, der Standplätze für Abfallbehälter und der unbebauten Flächen der bebauten Grundstücke, der Campingplätze und Wochenendplätze; dabei kann bestimmt werden, dass Vorgärten nicht als Stellplätze, als Abstell- oder als Lagerplatz oder als Arbeitsfläche hergerichtet oder benutzt werden dürfen,
5. die Verpflichtung zur Herstellung, das Verbot der Herstellung sowie über Art, Höhe und Gestaltung von Einfriedungen und
6. geringere als die in § 6 Absatz 5 und 6 vorgeschriebenen Maße zur Wahrung der bauhistorischen Bedeutung oder der sonstigen erhaltenswerten Eigenart eines Ortsteiles; dabei sind die Ortsteile in der Satzung genau zu bezeichnen.

(2) Durch örtliche Bauvorschriften als Satzung kann ferner bestimmt werden, dass

1. für besondere schutzwürdige Gebiete für genehmigungsfreie Werbeanlagen und Warenautomaten eine Genehmigung eingeführt wird und
2. im Gemeindegebiet oder in Teilen davon bei bestehenden baulichen Anlagen Kinderspielflächen nach § 8 Absatz 2 Satz 3 herzustellen sind.

(3) Anforderungen nach den Absätzen 1 und 2 können innerhalb der örtlichen Bauvorschrift auch in Form zeichnerischer Darstellungen gestellt werden. Ihre Bekanntgabe kann dadurch ersetzt werden, dass dieser Teil der örtlichen Bauvorschriften bei der Gemeinde zur Einsicht ausgelegt wird. Hierauf ist in den örtlichen Bauvorschriften hinzuweisen.

(4) Örtliche Bauvorschriften können auch als Festsetzungen in einen Bebauungsplan im Sinne von § 8 oder § 12 des Baugesetzbuches aufgenommen werden. In diesem Fall sind die Vorschriften des Baugesetzbuches über die Aufstellung, Änderung, Ergänzung und Aufhebung der Bebauungspläne einschließlich ihrer Genehmigung und ihrer Sicherung (§§ 1 bis 18 des Baugesetzbuches) sowie über die Wirksamkeitsvoraussetzungen (§§ 214 bis 216 des Baugesetzbuches) anzuwenden.

(5) Abweichungen (§ 74) von örtlichen Bauvorschriften werden im Einvernehmen mit der Gemeinde von der Bauaufsichtsbehörde zugelassen. § 36 Absatz 2 Satz 2 des Baugesetzbuches gilt entsprechend.

§ 89
Bestehende Anlagen und Einrichtungen

(1) Entsprechen rechtmäßig bestehende bauliche Anlagen sowie andere Anlagen und Einrichtungen im Sinne von § 1 Absatz 1 Satz 2 nicht den Vorschriften dieses Gesetzes oder Vorschriften auf Grund dieses Gesetzes, so kann verlangt werden, dass die Anlagen diesen Vorschriften angepasst werden, wenn dies im Einzelfall wegen der Sicherheit für Leben oder Gesundheit erforderlich ist.

(2) Sollen bauliche Anlagen wesentlich geändert werden, so kann gefordert werden, dass auch die nicht unmittelbar berührten Teile der Anlage mit diesem Gesetz oder den auf Grund dieses Gesetzes erlassenen Vorschriften in Einklang gebracht werden. Dies soll gefordert werden, wenn durch eine Änderung die barrierefreie Nutzung einer baulichen Anlage nach § 54 verbessert werden kann.

Voraussetzung für die Forderung ist, dass

1. die Bauteile, die diesen Vorschriften nicht mehr entsprechen, mit den Änderungen in einem konstruktiven Zusammenhang stehen und
2. die Durchführung dieser Vorschriften bei den von den Änderungen nicht berührten Teilen der baulichen Anlage keinen unverhältnismäßigen Mehraufwand verursacht.

Teil 7
Schlussbestimmungen

§ 90
Inkrafttreten, Außerkrafttreten, Übergangsvorschriften

(1) Die §§ 3, 17 bis 25, § 86 Absatz 11 und § 87 treten sechs Monate nach der Verkündung in Kraft. Gleichzeitig treten die §§ 3 und 20 bis 28 der Landesbauordnung in der Fassung der Bekanntmachung vom 1. März 2000 (**GV. NRW. S. 256**), die zuletzt durch Artikel 2 des Gesetzes vom 20. Mai 2014 (**GV. NRW. S. 294**) geändert worden ist, außer Kraft. Im Übrigen tritt das Gesetz zwölf Monate nach seiner Verkündung in Kraft. Gleichzeitig tritt die Landesbauordnung in der Fassung der Bekanntmachung vom 1. März 2000, mit Ausnahme ihres § 51, außer Kraft. § 51 der Landesbauordnung in der Fassung der Bekanntmachung vom 1. März 2000 tritt zum 1. Januar 2019 außer Kraft. Bis zu diesem Zeitpunkt haben die Bauaufsichtsbehörden in Gebieten, für die die zuständige Kommune keine Satzung über notwendige Stellplätze oder Fahrradabstellplätze erlassen hat, diese Vorschrift anzuwenden.

(2) Die Verwendung des Ü-Zeichens auf Bauprodukten, die die CE-Kennzeichnung auf Grund der Verordnung (EU) Nr. 305/2011 tragen, ist mit dem Inkrafttreten der in Absatz 1 Satz 1 genannten Vorschriften nicht mehr zulässig. Sind bereits in Verkehr gebrachte Bauprodukte, die die CE-Kennzeichnung auf Grund der Verordnung (EU) Nr. 305/2011 tragen, mit dem Ü-Zeichen gekennzeichnet, verliert das Ü-Zeichen mit dem Inkrafttreten dieses Gesetzes seine Gültigkeit.

(3) Bis zum Inkrafttreten dieses Gesetzes für Bauarten erteilte allgemeine bauaufsichtliche Zulassungen oder Zustimmungen im Einzelfall gelten als Bauartengenehmigung fort.

(4) Bestehende Anerkennungen als Prüf-, Überwachungs- und Zertifizierungsstellen bleiben in dem bis zum Inkrafttreten dieses Gesetzes geregelten Umfang wirksam. Vor dem Inkrafttreten dieses Gesetzes gestellte Anträge gelten als Anträge nach diesem Gesetz.

(5) Vor dem 1. Oktober 2017 eingeleitete Verfahren sind nach Inkrafttreten dieses Gesetzes auf Antrag der Bauherrin oder des Bauherrn nach dem zuvor geltenden Recht fortzuführen, wenn die Bauvorlagen vollständig und ohne erhebliche Mängel eingereicht wurden (§ 72 Absatz 1 Satz 2).

§ 91
Berichtspflicht

Die Landesregierung berichtet dem Landtag bis zum 31. Dezember 2022 und danach alle fünf Jahre über die Notwendigkeit und Zweckmäßigkeit der Regelungen dieses Gesetzes. Insbesondere berichtet sie über die Dauer von Genehmigungsverfahren und über die Zahl der im Berichtszeitraum genehmigten barrierefreien und rollstuhlgerechten Wohnungen.

Düsseldorf, den 15. Dezember 2016

Die Landesregierung
Nordrhein-Westfalen

Die Ministerpräsidentin
Hannelore K r a f t

(L. S.)

Die Ministerin
für Schule und Weiterbildung
Sylvia L ö h r m a n n

Der Minister
für Wirtschaft, Energie, Industrie,
Mittelstand und Handwerk
Garrelt D u i n

Der Minister
für Inneres und Kommunales
Ralf J ä g e r

Der Minister
für Arbeit, Integration und Soziales
Rainer S c h m e l t z e r

Der Justizminister
Thomas K u t s c h a t y

Der Minister
für Klimaschutz, Umwelt, Landwirtschaft,
Natur- und Verbraucherschutz
Johannes R e m m e l

Der Minister

für Bauen, Wohnen, Stadtentwicklung und Verkehr
zugleich für den Finanzminister
sowie für den Minister
für Bundesangelegenheiten, Europa und Medien
und Chef der Staatskanzlei
Michael G r o s c h e k

Die Ministerin
für Innovation, Wissenschaft und Forschung
Svenja S c h u l z e

Die Ministerin
für Familie, Kinder, Jugend,
Kultur und Sport
Christina K a m p m a n n

Die Ministerin
für Gesundheit, Emanzipation, Pflege und Alter
Barbara S t e f f e n s